思想政治教育工作与素质培养探索

程文丽　宋倩华　莫亚男◎著

北京燕山出版社
BEIJING YANSHAN PRESS

图书在版编目（CIP）数据

思想政治教育工作与素质培养探索 / 程文丽，宋倩华，莫亚男著. -- 北京 : 北京燕山出版社，2024. 10.

ISBN 978-7-5402-7347-7

Ⅰ. D64

中国国家版本馆 CIP 数据核字第 2024YT2784 号

思想政治教育工作与素质培养探索

作　　者　程文丽　宋倩华　莫亚男

责任编辑　王　迪

出版发行　北京燕山出版社有限公司

社　　址　北京市西城区椿树街道琉璃厂西街20号

电　　话　010-65240430

邮　　编　100052

印　　刷　北京四海锦诚印刷技术有限公司

开　　本　710mm×1000mm　1/16

字　　数　208千字

印　　张　13

版　　次　2025 年 3 月第 1 版

印　　次　2025 年 3 月第 1 次印刷

定　　价　78.00 元

作者简介

程文丽，1969 年 10 月出生，1992 年 8 月参加工作，现任中共白银市平川区委党校高级讲师，白银市市区两级讲师。从教 33 年以来，程文丽一直致力于党的干部培训和思想政治工作，近年有合著《十年“热词”话辉煌》出版，有涉及社会科学、心理学、思想政治、社会工作、干部培训和党建等领域的数篇论文在省级刊物发表。

宋倩华，2023 年甘肃省委党校政治经济学研究生毕业，工学学士，主要从事党建、“三农”工作方面的研究。近年来，其参与甘肃省委党校课题 3 次，被甘肃省委组织部党员教育中心邀请授课多次，有丰富的基层工作经验和扎实的理论功底。2019 年荣获白银市党校系统“先进工作者”称号，2021 年 6 月被评为“县级优秀党务工作者”，2021 年 7 月被白银市委组织部、市总工会等部门联合评为“白银市技术标兵”。

莫亚男，中共党员，中学高级教师。从教 30 多年来，莫亚男已荣获安徽省、蚌埠市“教坛新星”称号，安徽省“江淮好学科名师”称号，“蚌埠市学科带头人”称号，“蚌埠市十佳教研员”“蚌埠市十佳思政名师”称号等，以及荣获安徽省中学思想政治优质课评选一等奖、全国思想政治优质课评选二等奖等。其有多篇论文发表于省级刊物，参与各级各类评比并获奖。

目　录

前言

思想政治教育的历史源远流长，它是人类从古至今社会实践的重要内容。思想政治教育工作要面向现代化、面向世界、面向未来。我们必须在继承优良传统的基础上，随着形势的发展变化，深入研究新形势下学生思想活动的新情况、新特点，深入研究以互联网和新媒体为代表的信息技术，增强思想政治教育工作的时代意识、知识含量和技术理性，努力创新思想政治教育工作的内容、形式、方法、手段和机制，担负起时代赋予思想政治理论工作者和实践工作者的历史使命。

思想政治工作随着理论和实践的发展而成为一门学科，是我国改革开放和现代化建设实践催生的结果。首先本书从思想政治教育工作的基础知识入手，详细介绍了思想政治教育的内涵、价值、环境、对象，旨在帮助读者初步了解思想政治教育工作。其次，书中还对思想政治教育工作的融合、实践进行了系统梳理，如思想政治教育与党建党史工作、心理健康教育、劳动教育融合以及思想政治教育工作的实践。最后，书中深入探讨了思想政治教育学生素质培养、思想政治教育数字化发展，理论与实践相结合的方式。希望本书能够给从事相关行业的读者们带来一些有益的参考和借鉴。

本书在撰写过程中，参考和借鉴了一些知名学者和专家的观点及论著，在此向他们表示深深的感谢。由于作者学术水平和掌握的资料有限，书中难免疏漏，真诚希望各位读者和专家予以批评指正，以进一步修改，使内容更加完善。

第一章　思想政治教育工作概述

第一节　思想政治教育的内涵

一、大学生思想政治教育的含义

在当前时代发展环境不断变化的前提下，如何理解大学生思想政治教育，其首要问题是要从基础的概念出发，分析其基本的内涵。同时还要加深对基本目标、主要内容以及实现途径等方面的理解。

（一）思想政治教育与大学生思想政治教育

思想政治教育的范畴与大学生思想政治教育的范畴有不同的界定，思想政治教育的含义大于大学生思想政治教育的应有之意。大学生思想政治教育针对特定的大学生群体，具有更为明确的主体对象。

1. 思想政治教育概念的界定

从现有的研究成果来看，我国思想政治教育专业的创始人之一张耀灿对“思想政治教育”所做出的解释和界定得到理论界的普遍认同。思想政治教育是指一定的阶级、政党、社会群体遵循人们思想品德所形成、发展的规律，用一定的思想观念、政治观点、道德规范，对其成员施加的有目的、有计划、有组织的影响，并使其形成符合一定社会、一定阶级需要的思想品德的社会实践活动。这一论述为学者们提供了重要的学术参考和研究方向。

这里通过整合众多学者的观点，结合时代的发展特征，提炼和升华不同学者观点中的核心点和共通点，既要突显政治教育的重要性，也应达到内化于心的效果，从而才能有效扩充这个富含历史性和时代性的概念的内容。思想政治教育是指一定的阶级、政党、社会群体为达到自己的政治目的，受政治、经济、文化的制约和影响，在遵循人们思想品德形成发展规律的同时，通过一定的基础性、主导性和拓展性的思想内容对其所有社会成员施加有目的、有计划、有组织的影响，实现以政治教育为主导，兼具思想观念、政治观点、道德规范、心理综合教育等，使其接受并内化的一种社会实践活动。思想政治教育，从实质上讲就是对个体实际需要和社会发展需求的满足，它以人为主要载体和实践对象，分层、分阶段进行，有目标、有计划地实现，满足人的各种需要的教育实践活动。

2. 大学生思想政治教育

大学生思想政治教育就是以大学生为主体开展的教育实践活动，有特定的主体对象、要素内涵和方法路径。这个概念的关键词是大学生和思想政治教育，二者综合为一个独特的教育实践。大学生又主要以高等院校的学生为特定的教育主体和教育对象。这一群体在个体意识发展阶段中处于青年初期水平，有这个阶段独特的个体思想特点、情感特点、行为特点，在教育过程中必须遵循相应的规律。同时还要结合当前党和国家人才培养的需求，以立德树人为中心任务。大学生思想政治教育的目标就是要培养社会主义的建设者和接班人，要学习党史、新中国史、改革开放史、社会主义发展史，要提升道德修养和综合素质。可以说，大学生思想政治教育是指，高校以马克思主义理论为指导，根据社会发展需求和自身发展需要，在适应社会发展脚步、满足社会发展需求、获取社会发展反馈的过程中，通过理论学习和实践锻炼等多种方法，让大学生学习、理解、接受、内化、实践党的路线方针政策，保证思想政治教育的延续性和有效性。

思想政治理论课和日常思想政治教育是主阵地和主渠道。主阵地是课堂，有思政课程和课程思政，在课堂上无论是思想政治理论课教师、哲学社会科学教师还是其他课程教师都应当通过课堂教授党的理论、传递正能量，从而从思想上引领学生形成正确的世界观、人生观和价值观，自觉抵制错误思潮。主渠道是日常思想政治教育，包括辅导员工作、学生党团活动、第二课堂活动等，实现思想政治教育全过程的全覆盖，在空间上包括校内外的场所，在时间上包括课堂内外的时间。大学生接受的思想引领是一致的，没有出现消解和消耗，这使教育能够持续发挥作用。

目前，马克思主义信仰火种已经在中国大地生根发芽，中国正向着第二个百年奋斗目标迈进。面对两个伟大变局，面对高速发展的列车，坚持党的领导是核心保证，高校应当始终坚持社会主义办学方针，擦亮鲜明的底色，应当始终坚定不移地以马克思主义为指导，矢志不渝地以发展马克思主义为己任。培养有志气有骨气有底气的新时代青年，让青年成为中华民族伟大复兴事业的继承人。在此前提下，大学生需从最初的感知表象逐渐过渡到理解本质，正确理解和感悟真学真懂真信，进而在认知的层面上逐渐形成和保持一致，认识“成为什么人”的问题，在身心认同的基础上继而接受用唯物主义辩证法思考问题、解决问题，最终从被动接受转化成自己内心的信仰，并用行动践行理论。

（二）大学生思想政治教育的内涵

目标是导向和引领，有了目标才能让工作具有明确的方向，指导具体的行动。大学生思想政治教育的目标就是解决“为谁培养人，培养什么人，怎样培养人”的问题，厘清这一问题指导教育实践，为党育人、为国育才。

1. 大学生思想政治教育的基本目标

高等教育坚持的原则是保持社会主义办学的方向，全面落实人才培养坚持党的领导，不能有丝毫的懈怠和变通，在大船行驶过程中不能偏航、不能抛锚，遇到狂风暴雨保持清醒的定力和良好的工作状态，闯过风雨就会迎接目标的实现。高等教育坚持的根本是立德树人，十年树木百年树人，通过思想政治教育让党的理论和路线方针政策得到广大青年的认可和拥护，让青年树立崇高的理想，在政治观点、道德素养等方面都能适应社会发展的需求，并为社会发展做出自己应有的贡献。每一代人都有自己的使命和责任，新时代青年就是中华民族伟大复兴的重要力量，青年强则国强。

2. 大学生思想政治教育的主要平台和实现路径

大学生思想政治教育活动的开展有丰富的平台，思政课程、课程思政、哲学社会科学课程、社团活动等，构建了系统、整合、完善的教育体系，提供思想政治教育的理论灌输与实践引导。

（1）大学生思想政治理论教育的主要平台

大学生思想政治理论教育的核心要点在于落实思想理论教育和完成价值引领。它的主要内容及实现途径主要体现在以下四个方面：

一是发挥思想政治理论课的主渠道作用。高校思想政治理论课是大学生在校接受教育过程中的必修课程，是高校思政教师一直在不断探索和追求的事业。通过小课堂讲出大道理，用中国共产党百年历史和伟大实践感染学生，用先进典型事例打动和激发学生。

二是开展形势政策教育。通过课堂学习和贯彻落实习近平总书记最新讲话精神，紧密结合国际国内形势变化深度解读世情国情党情，有理有据有效地回应学生关注的热点问题、难点问题，在双向对话中完成教育目标。及时、准确、深入地推动习近平新时代中国特色社会主义思想走进教材、走进课堂、走进学生头脑，帮助大学生正确认识国际国内形势，引导大学生准确理解政治理论创新的最新成果、新时代坚持和发展中国特色社会主义的伟大实践，牢固树立"四个意识"，还要把坚定"四个自信"贯穿思政课教学的全过程，培养学生的时代使命感、引导学生树立远大理想，使学生能够成为担当中华民族复兴大任的时代新人。

三是发挥哲学社会科学的优势。首先，哲学社会科学的大部分学科具有鲜明的意识属性，各学科都要结合本学科特点，深入挖掘党史、新中国史、改革开放史、社会主义发展史等内容，实现有机融合。其次，在教学过程中应该充分贯彻落实习近平新时代中国特色社会主义思想，推进习近平新时代中国特色社会主义思想进课程、进教材，不断丰富学习内容，增强可行性与可学性。最后，还要发扬理论联系实际的精神，围绕大学生普遍关注的国家社会重大问题、自身发展的具体问题，在真问题上实现理论与实践的双重互动，帮助大学生构建科学的理论基础、坚定正确的政治方向、形成并强化观察和思辨的能力，引导学生在学思践悟中坚定理想信念，在奋发有为中践行初心使命，不断增强历史定力、锤炼历史眼光。

四是创新课程思政。各学科的专业课程围绕自身特点与习近平新时代中国特色社会主义思想的相关内容有效衔接与有机融合。专业课程中的许多问题是可以和中国发展、中国共产党的历程等内容有机结合的。以经济学类课程为例，中国近代经济发展，尤其是社会主义建设、改革开放，就是一部非常厚重的经济发展史，也是理论与实践紧密结合的经济实践史。讲透计划经济到市场经济的过渡，政治与经济的关系等问题，就能够让广大青年看到百年来中国经济发展离不开中国共产党的坚强领导。课程思政的创新通过教学目标、内容大纲、案例设计等让专业课润物细无声，同心同向培养人。

（2）大学生日常思想政治教育的主要实现途径

随着社会的发展需求和大学生自身发展成长的需要不断扩大，大学生思想政治教育实现途径主要体现在以下四个方面：加强理想信念教育，教育引导学生全面系统地学习马克思列宁主义、毛泽东思想、邓小平理论、“三个代表”重要思想、科学发展观、习近平新时代中国特色社会主义思想。通过学习原著、原理，回到原点，认识理论产生的时代背景、现实意义，用科学的理论武装头脑，去引领实践。大学生要增强做中国人的志气、骨气、底气，不负时代、不负韶华、不负党和国家的殷切希望，才能成长为担当民族复兴大任的时代新人。

加强国家安全教育、国家意识教育，加强民族团结进步教育、社会责任意识教育，加强法治意识教育、国家科学精神教育，同时以诚信教育为基础和根本，加强广大青年学生社会公德、家庭美德、个人品德、职业道德教育。引导广大青年学生增强“四个意识”、坚定“四个自信”。

弘扬中华民族优秀传统文化。中华文明源远流长，中华民族有许多数千年来形成的优秀品质，尤其是近代以来中华民族面对列强的侵略，中国共产党引领中国人民在探索新的道路上形成了许多伟大精神。以伟大建党精神统领的精神谱系是最好的教育资源。利用我国重大历史事件纪念活动、爱国主义教育基地、改革开放的伟大成就、国家公祭仪式等鲜活载体来组织开展主题教育，使学生更能感同身受、身体力行。

党团建设及活动开展。党支部是最基层的党组织，是党的战斗堡垒。通过党员的学习活动、主题活动等，入党积极分子、预备党员能够对党组织产生归属感、认同感。各学生组织开展活动也是进行思想政治教育延伸的重要渠道，通过贴近大学生的实际需求，用创新的方式开展活动。

二、大学生思想政治教育的特点

在具体的大学生思想政治教育工作中，教师应将大学生群体的特有性作为工作的起点，全面遵循教育规律，准确设置最高目标、中级目标和基本目标，从而保证工作的实效性和有效性。

（一）时代性与民族性相结合

时代精神和民族精神皆是大学生思想政治教育的重要内容，而时代性与民族性的结合也是其首要的特点。时代性是当下的国际国内社会发展情况的具体体现，民族性是民族精神的赓续，具有民族发展历程中独特的基因密码。首先，大学生思想政治教育活动始终与时代发展保持着紧密联系。当今时代飞速发展，各类新事物不断涌现，当下的大学生自信、好强、好奇、好动手，他们拥有充分的动机和浓厚的兴趣去面对处于雏形的新事物或已然发展的新事物，并且对新事物抱以足够的容纳度。我们实现了第一个百年奋斗目标，历史性地解决了绝对贫困问题，正在意气风发地向着全面建成社会主义现代化强国的第二个百年奋斗目标迈进。这就是我们当前最大的时代特点，中国社会的主要矛盾已经发生转变，社会物质条件不断丰富，精神文明建设也在进一步深化。其次，在社会发展过程中，新时代青年的思想特点、价值观念等都有变化，呈现出新的时代特点。马克思主义中国化的进程也就是将马克思主义根植于中国的优秀文化之中并不断融合、发展和创新的过程。中华民族几千年来沉淀的优秀品质和基因密码在新的时代仍然显现出生命力。中华民族共同体的民族性在新的历史时期仍然是追求中华民族伟大复兴的精神内核。

（二）综合性与生动性相结合

思想政治教育是一个系统活动，包含着大中小学教育活动的衔接，以及社会思想政治工作的实践。大学生思想政治教育同样具有场域性、内容性的整合，并非一个独立的活动，而是综合性的系统工程。大学生是一个特殊的学生群体，从低年级到高年级，处于不同成长阶段的大学生都有大大小小、不尽相同的发展需求和成长需要，如低年级时有选择专业、恋爱交往的困扰等诸多问题，而在高年级时则对就业升学、未来发展等有着不同程度的困惑，这些具体的看似微不足道的日常问题实际上都会影响学生当下或未来的发展。这些问题普遍存在且具有一定的共通性，但对不同学生而言，这些问题的侧重点可能并不相同，比如学生之间存在着个体差异性、专业的不一致性、性格类型不同等问题，呈现出共性与个性、普遍性与特殊性的关系。大学生思想政治教育工作就是要从学生的具体实际出发，根据学生的具体需求，以学生的终身发展为落脚点，针对性地解决各种学生关心的实际问题。只有具体的生动的教育形式和教育实践活动，才能让学生真正拥有获得感和满足感；也只有这样，思想政治教育的价值才能真正得以实现。

生动性是指思想政治教育活动应贴近学生实际，从而促使其产生情感共鸣，即思想政治教育活动应贴合新的事实、新的情况、新时代的青年。新时代青年的价值观还处于雏形或待成熟的发展过程中，心智尚未成熟，对社会事件、网络信息的甄别能力还有待提高，对典型事件较为敏感，敢于发表自己的看法。面对纷繁复杂、思想文化多元的互联网世界，00 后大学生更容易受到网络社交平台各种新闻事件、各类信息的影响，这给高校思想政治教育工作带来了新的任务和挑战。丰富多样的网络文化平台、网络社交平台、网络游戏使学生的思维习惯、生活习惯、语言习惯更加个性化，他们渴望表现出成熟的特点，却又常常眼高手低、纸上谈兵。

升入大学后，不少 00 后大学生很难快速适应高校的学习生活节奏，得不到周围同学、教师的认可，无法找到高效的且适合自己的学习方式，生活自理自律较差，也不太能适应集体生活，进而依赖、沉迷于网络，逐渐与现实脱节。很多“00 后”大学生具有盲目自信的心理状态，喜欢冒险，企图通过尝试标新立异获得成就感，渴望被人关注和认同，但同时抗挫折能力较弱——由于成长过程中顺境远多于逆境，表扬多于责备，一旦遇到挫折就会茫然慌乱、束手无策，害怕被人冷落。在日常学习方面，由于个人思维经常被虚拟世界占据，一部分学生呈现出明显的趋避冲突的心态，因此对网络虚拟世界和现实学习生活这两者分配的时间和精力就出现了较大的偏差，趋向网络虚拟世界而规避现实学习生活，从而造成主动学习动力不足，平均成绩下降，不及格率升高。这就要求新时代大学生的思想政治教育活动既要生动有趣又得以理服人，既要重视课堂教学入脑入心又要有意识地引导大学生积极主动参与社会实践锻炼。显然，新时期下的思想政治教育更加微观、更加贴近日常、更加集中于学生本身，因而应当常态化地将思想政治教育贯穿于大学生学习、生活等各个方面，以更好地满足当下的发展需求以及学生的发展需要。

（三）历史性、现实性与理想性相结合

新时代大学生思想政治教育活动有历史性、现实性、理想性结合的特点。出

于历史与现实的原因，大学生缺乏社会经验、社会阅历较少、历史沉淀文化积累不足，但他们拥有青春年少的绝对优势，对自己所处社会的历史文化表现出浓厚的兴趣，并积极主动地去了解去践行，同时希冀自己能深深植根于民族文化之中、能为民族文化发展添砖加瓦。但是，他们也常会感到迷茫与困惑，对现实社会中出现的各种现象、社会新闻事件异常关注和敏感，想要去了解、探索和研究，也会经常提出各种问题、各类矛盾，希望得到权威的解答。因此，大学生思想政治教育必须紧密联系学生的思想、学习、生活等具体实际，及时为学生答疑解惑，解除他们成长过程中的各类困扰，在工作中把解决思想困惑和生活实际结合起来，指引他们健康快乐地成长。另外，大学生朝气蓬勃、对未来抱有期待、对个人的未来发展有着憧憬，思想政治教育必须结合学生的具体实际，引导他们走往正确的方向和进行合理的价值选择，树立远大的理想信念并脚踏实地、刻苦肯干。大学生思想政治教育的历史性、现实性与理想性，是相互贯通、互相转化的。

第二节　思想政治教育的价值与环境

一、社会价值

（一）思想政治教育的社会价值内容

思想政治教育的社会价值所包含的内容，目前整个学术界没有达成统一观点。有学者认为，其内容主要包括经济价值、政治价值、文化价值和生态价值；也有学者认为，其内容主要体现在保障物质文明建设、推进政治文明建设、促进精神文明建设和推动生态文明建设。这里认为以上学者的观点很明显地是以作用的具体社会领域作为分类的依据，突显在社会领域思想政治教育对各个主体需求的满足。从其内容的结构来看，可以说是完全无差异的，只是在表达方式上展现出了差异性。另有学者认为，思想政治教育具有维系社会生存、推动社会发展、实现社会管理的价值，社会价值表现为两个文明建设的根本保证、社会治理的重要手段、塑造人格的主导力量。以上观点的表述更倾向于给其社会功能和作用做出解释，而并非给其社会价值下定义，它们更多地是在突显思想政治教育对维护社会稳定和促进社会发展的意义和作用。还有学者认为，思想政治教育具有整合社会思想、引领主流价值、疏导社会心理、规范社会行为、协调社会关系、维护社会稳定等方面的价值。显而易见，这是从社会治理的角度对思想政治教育的作用做了结构较为完整的阐述，对之前被忽略的中观层面社会需求进行了补充和完善。

（二）思想政治教育的社会价值的特征

思想政治教育的社会价值一方面具有激励性的特征，它包括目标和情感的激励，即能够以社会发展目标带动社会成员，也可以通过某一感性因素鼓舞社会成员，使其团结在共产主义目标的旗帜下，从内心认可变为主动参与到建设社会主义伟大事业的实践活动当中来，再进一步演变成为社会主义伟大事业而终生不懈奋斗。另一方面，思想政治教育的社会价值还表现在物质价值和精神价值方面，它拥有这两者的双重特性，并且实现两者之间的相互转化，但只有经历复杂的实践过程后才能将精神价值真正转化为物质价值，实现物质价值与精神价值的统一。比如当社会成员拥有较强的主人翁精神和历史责任感、使命感并以此指导实践，其实践的结果多半是正向的、积极的，这代表精神价值向物质价值转化的成功，而思想政治教育的社会价值的精神价值也需要通过实践才能变成有利于社会发展的物质价值。

（三）大学生思想政治教育的社会价值

在当前的新时代新形势下，如果要强化大学生思想政治教育的社会价值，就要对广大青年一代进行系统的主旋律教育。利用好思想政治理论课这个主渠道，开展形式多样、内容丰富的思想政治教育，发挥其价值引领。例如开展中国特色社会主义教育、爱国主义教育、理想信念教育、责任担当教育时，可结合当今社会较为热门的议题来展开。

还应该意识到，大学生最终还是要在社会中扮演角色，在社会中服务他人，得到社会的评价和肯定。因而不能仅仅局限于“第一课堂”，即思想政治理论课堂，还应认识到“第二课堂”——实践教育也尤为重要。由此，除了学生课程体系中已规定的，还应为学生创造更多的社会实践机会。例如不断给学生树立正确的实践观，努力实现社会实践常态化，从宿舍、班级、社团，到学校、社会，让他们意识到社会实践不只是在周末、寒暑假的一种形式化的活动、突击性的活动，还应该是日常性的志愿服务、勤工助学、教学实习等各类课外、社会活动，逐渐养成良好的服务意识，为同学服务、为人民服务，模范遵守社会公德，学会规范自我行为，增强服务社会的能力，向社会传递正能量。另外，还需要进一步增强社会实践活动的实效性。虽然当前很多高校已经将社会实践纳入课程体系管理，具体形式表现为专业实践、社会志愿服务等，但是可以说在具体操作过程中，存在着实践内容单一化、实践考核形式化、实践效果一般化的问题。这就要求高校进一步改进管理、运行、考核体系，确保专职教师负责，提供足够的经费支持，真正发挥社会实践推动思想政治教育发展的实效性作用；同时加强实践教育内涵建设，坚持顶层设计，明确其目的、着眼点，而后有针对性地将思想内涵融入实践的各个环节，使大学生真正在实践中丰富思想政治内容认知和提高自身素质，进一步提升思想政治教育的效果和效率。

二、集体价值

（一）思想政治教育集体价值的内涵

马克思主义认为，人总是个体的人与作为类的人的统一。在现实生活中，个体的人不是抽象、单个地生活在社会中，而是处在由多位成员组成的某个集体中，通过集体的这一形式与社会发生关系，延伸到思想政治教育集体价值。简单地说，就是指以思想政治教育的功能去满足由多位成员组成的集合体的发展需要的效益关系。如同集体与社会、个人之间的关系，思想政治教育集体价值是连接社会价值和个体价值的桥梁和中介，承上启下，同时也深刻影响着社会价值与个体价值。

思想政治教育的集体价值主要体现在三个方面：一是形成正确的积极的集体心理，二是促成和巩固集体团结，三是构筑健康向上的集体文化。

1. 形成正确的积极的集体心理

通过持续地研究集体成员的意识，实践行为的来源、产生及逐渐进步的过程，规范调整集体成员的心理偏差与动机，逐步调整集体成员的心理发展，最终形成正确的思想观念。在规范集体成员的心理发展的整个过程中，要崇尚一致的追求目标，维持一种催人向上的积极的心理动力，继而经过较为烦琐的过程后逐渐形成正确的积极的集体心理。

2. 促成和巩固集体团结

形成积极的正确的集体心理，最终的目的是为了实现个人目标与行为融入集体目标与行为中。主要表现在每一个个体能明确自身需求，并能通过多种渠道表达自己的需求，同时也能了解其他个体的需求，从而使矛盾得到解决，甚至不再存在这样的问题。通过有意识地引导，集体成员能正确认识到个体与集体间的联系，认识到个人是需要借助集体这一重要平台才能实现自我价值的现实处境，认识到两者之间是互相具有义务的。具体表现为个人要自觉维护集体利益，集体也要尽力保障个人利益。另外，集体成员在自觉将集体目标与个体目标相融合时，要充分认识目标存在的合理性，努力为实现共同的集体目标而持续奋斗。

3. 构筑健康向上的集体文化

文化是思想观念的最高形态。集体价值信念的教育，不仅为人们的行为方式提供价值信念的共识，还能提高人们对集体统一价值信念的认知与觉悟水平。在教育过程中通过各种方式的宣传，引导集体成员清醒地认识到错误信息、负面信息的危害性，对错误信息和负面信息要保持高度的警惕。同时认真分析其产生的根源，以及如何去抵制各种错误、消极的价值观念等。

例如在培育和践行社会主义核心价值观的过程中，可能因为集体成员的个体差异性、劳动实践的差异性，产生的思想认知也会存在差异，对一些问题的价值认知也出现一定程度的不一致。但通过制度和文化的力量，广泛凝聚不同集体的价值共识，将社会主义核心价值观内化于集体成员的内心认知、外化于集体成员的实践行为，实现每一个个体的价值观念与社会主义核心价值观相契合，进而统一思想、形成合力，协同攻坚克难，从而实现个人、社会、集体的高度统一。

（二）大学生思想政治教育集体价值

大学生思想政治教育集体价值是思想政治教育理论的重要组成部分，对其理论进行探索研究，是发展思想政治教育理论的必然要求。因此把握好其功能作用，能够更好、更深入地研究个体价值和社会价值。个体离不开集体，脱离集体的个体无法生存。从宏观来看，思想政治教育的内容极度抽象；从个体来看，其内容又极为具体。大学生思想政治教育活动以大学生为群体开展，它不同于学生之间的教育或是学生自我教育，是依据社会一般性要求，基于大学生这一群体的实际接受的程度、教育工作者的言传身教等具体实际情况，而开展的教育实践活动。因此，要通过教育实践活动贯彻立德树人的根本任务，实现每个学生自身的全面发展，在新时代背景下发挥大学生思想政治教育的集体价值，不断提升教育实践活动的实效性。

在大学里，由于每个学生都是单独的个体，每个人的认知、个性、特征等方面都是极为不同的，因此极容易产生不同的观点或引发矛盾和冲突。而通过冷静地调解和分析，我们就会发现大部分矛盾和冲突源于学生个体间沟通和交流的缺乏。因此，在开展实践教育过程中，可以通过开展形式多样的活动为学生创造加强沟通与交流的机会和条件，随后通过对情绪的有效疏导，缓解人际关系的紧张，化解矛盾。在集体内部形成一个良好环境，构建和谐友爱的人际关系，从而确保集体目标的圆满完成和顺利实现。例如新生入学后要适应集体生活，从之前是每个家庭的宝贝到生活在一个屋檐下接纳他人的所有，是需要一个不断适应的过程的。开始源于对新鲜事物的好奇和探索，室友之间的矛盾不会立即凸显，但随着时间的推移，加之个体的差异性，如若没有较好的沟通与交流，很容易出现寝室矛盾，需要教师介入调和。教师可以开展一系列的谈心谈话、心理疏导、团体辅导等活动，引导学生学会包容他人的不足，同时让学生看到自身的缺点；通过对学生情绪的有效疏导，缓解其紧张的人际关系，从而构建友爱温馨的寝室环境，利于寝室各个成员的成长与进步。

通过各种途径和方式的实践教育，培养学生的集体认同感、归属感与荣誉感，强化学生的集体情感和集体行为，久而久之学生由内心奔涌出热爱集体的情感，最终自主自觉投身于集体活动中，朝着最终目标迈进。例如在理想信念教育的过程中，从大学生共产党员入手，通过展示学生身边熟悉的人的典型事迹，让学生感知到共产党员的先锋模范带头作用。

大学生思想政治教育要时刻关注社会和谐发展，做好主流价值引领，将大学生思想政治教育的内容和目标潜移默化地渗透到学生的思想和行为当中。例如在开展教育实践过程中，通过各种渠道的广而告之，引导大学生清醒地认识到错误信息、负面信息的危害性，对错误信息和负面信息要保持高度的警惕。同时认真分析其为什么产生，以及如何去抵制各种错误、消极的价值观念等。坚持将社会主义核心价值观贯穿于教育教学和日常工作的全过程，引导大学生树立集体主义价值观，认识到个体价值是集体价值和社会价值的基础，集体价值是个体价值和社会价值的中介，社会价值是集体价值和个体价值的综合，从而能够正确地处理国家、集体、个人三者之间的关系。

三、个体价值

（一）大学生思想政治教育个体价值的内涵

思想政治教育个体价值是指思想政治教育对个体发展的意义。其核心体现在对个人成长的一种推进，包括个人意识、政治观念、思维意识的健全和完善，促进个体综合向上发展，进而实现个体价值。延伸到大学生思想政治教育的个体价值，即教育实践活动对学生群体发展的实效性和积极意义。其主要表现在个体不断向政治社会化倾斜，满足大学生个体政治社会化需要；大学生个体精神需求的满足，自我认知和实践能力的逐步提升，逐渐实现个体全面发展。换言之，通过主旋律的教育实践活动，在此过程中让学生捕捉到正确的信息，将所包含的思想、道德、观念等内容转化为自身的某种心理结构，养成良好的行为习惯，与他人进行良好的交往，建构自己的精神领地，从而形成坚定的政治信念，逐步实现政治社会化。基于教育实践活动的内在作用，激发学生个体的精神动力、帮助学生个体树立坚定的理想信念和信仰使命，促进学生个体塑造健全的人格，引导政治方向，进而保持正确的政治站位，调控学生个体行为，促进学生个体更好地适应社会，强化大学生对社会主义核心价值观的认同。

（二）大学生思想政治教育个体价值的理论来源

1.“以人为本”思想

思想政治教育强调将人作为研究的主体，通过规范的教学内容和科学的教育方法来实现人的成长进步。高校开展思想教育实践活动，应以马克思主义关于人的本质理论作为理论根源，坚决贯彻立德树人根本任务，对学生开展教育实践活动，提升学生在整个过程中的认同感和参与度，针对学生的特殊性要求和条件适当给予关注并有效协调处理，不断鼓励和刺激学生发挥主观能动性，从而实现个体的发展。

2. 人的全面发展理论

人的全面发展理论，也是将人当作研究对象，其内涵主要包括社会关系、个人需求、能力以及个性得到充分、整体、综合的发展。具体表现为：人积极参与到社会交往之中，并从中获取政治、经济、文化各个领域的信息，丰富自身的阅历，更新旧的观念、开阔新的眼界，实现社会关系充分、整体、综合的发展；个人维持生命的生存性需要，获得精神满足的享受性需要，以及寻求自我实现的发展性需要得到有效的实现；个人通过社会劳动塑造身体力量，以及通过后天学习、实践、练习，使精神方面的生产力（即人的体力、智力等）得到充分、全面的发展；个人的独特个性，认识自然和改造自然的自觉能动性，对现实超越和突破的创造性，自我体现与控制的自主性都能在参与社会关系活动时得到充分展现和培养。

3. 马克思主义的需要理论

人们可以通过劳动实践不断满足自身由内而外产生的需要，同时人的需求在社会发展进程中不断得到提升且不断新旧交替，因此也可以通过劳动和实践推动自身的需求向多样化发展。旧需要的持续满足和新需要的持续产生，使得人们不断通过实践改进自身的生存方式，在自身需要得到满足的基础上，不断改造世界、改变自身现状。如此循环往复，认清了内在需要和现实情况的联系，从而不断规范自身行为，实现个人价值目标。

（三）大学生思想政治教育个体价值的实现途径

在开展教育实践过程中要重视、培养学生作为独立个体的价值，以实现人的自由全面发展。如何发展和培育学生的个体价值呢？有以下四条实现途径：

第一，加强思想政治引领。引导大学生将个人理想信念同国家民族命运、具体实际发展相结合。关注学生个体的价值需求，有针对性地开展教育实践活动；提升大学生思想理论、政治素养、道德品质、文化水平，实现学生个体的自由全面发展。目前，大学生除了学习、生活、交友等方面需要得到关怀和指导外，心理的困惑、职业生涯的规划、未来的选择发展等方面更需要得到疏导和指引。这就需要教育工作者在教育实践过程中，将思想政治教育同解决学生"急难愁盼"的实际需求相统一，从解决实际问题出发，帮助学生缓解来自各方面的压力，最终实现个体需求在更高层面的协调发展。

第二，革新思想政治教育方法。一方面，不断丰富其理论，完善其体系，拓宽其实现途径，自觉地将个体价值融入教育实践过程中；另一方面，将传统的理论传授与实践教育紧密结合，强化学生实践能力的培养，使学生不断树立正确的认知，充分发挥个体主观能动性，从而实现个体自我管理教育。

第三，重视学生的心理素质和个体情感培养。通过心理咨询、谈心谈话、专题讲座等方式开展心理健康教育活动，满足大学生的精神需求。随着社会的不断发展，愈来愈多的大学生不断涌现出对生命的价值困惑、对生活方式的抉择困惑等突出的心理问题和各种心理困惑，价值取向也受到影响。针对开展教育实践过程中出现的学生心理健康教育问题，除了需要专业心理咨询机构来缓解这一矛盾之外，高校还应健全工作预警机制，定期筛查、及时了解大学生的心理状况，形成学生群体全员覆盖，对存在心理危机的学生个体要及时关注加强交流。针对处于高危的心理危机状态的个体还要及时、有效地进行心理危机干预。

第四，营造良好的思政教育环境。引导大学生形成正确的价值观念，促进社会整体向上向好发展。例如在开展教育实践过程中遇到毕业生就业难的问题。在大学生入学后应开设职业生涯规划类的相关课程，积极引导学生参加职业生涯规划设计大赛和创新创业比赛等，邀请各行各业具有代表性的毕业生回校给大学生开展就业类相关讲座或分享会，通过朋辈教育指引学生更好地去认识世界。高年级阶段应加强思想教育，宣传就业相关政策，引导学生树立正确的就业观和择业观。拓宽大学生就业渠道，缓解学生的就业压力和内心焦虑。引导学生处理好个人与社会的关系，接纳自己因为即将踏入社会产生的不自信、彷徨恐惧、逃避等心理状态。

大学生思想政治教育旨在贯彻立德树人的根本任务，时刻“以生为本”，在提高学生认识世界和改造世界能力的同时，注重学生正确思想意识的形成；引导学生树立理想信念和使命担当，在满足物质需求和丰富精神内涵的实践中，实现个体价值。

四、大学生思想政治教育的环境

（一）宏观环境

1. 政治环境

从国内政治环境来看，中国共产党带领中国人民几十年来风雨兼程、刻苦拼搏、开拓进取，使中国发生了翻天覆地的变化、取得了举世瞩目的成就。党的十八大以来，以习近平同志为核心的党中央提出了一系列新思想、新理念、新战略，出台了一系列重大方针政策，推出了一系列重大举措，推进了一系列重大工作，解决了许多长期想解决而没有解决的难题，办成了许多过去想办而没有办成的大事，推动党和国家事业取得了全方位的、开创性的历史性成就。总体来看，国内政治环境安定团结，政府公信力显著提高，国家现代化治理能力和治理体系也在不断完善，逐步推进法治社会、法治政府、法治国家建设。国家政治格局的稳定和政治要素的优化对开展思政教育实践活动产生着深刻的影响。

因此，在开展大学生教育实践过程中，要引导大学生理性客观地看待、讨论国际国内政治问题，通过丰富灵活的案例分析对比国家制度、政策的优势和短板，树立学生对中国共产党领导的信任和信心，从而使政治环境更加有利于开展思政教育实践活动。

2. 经济环境

经济基础决定上层建筑。当前，我国经济仍然保持中高速增长，综合国力和国际影响力显著提升，人民的物质生活质量显著提升，教育事业全面发展。但在社会经济发展的过程中也出现了一些如人工智能的发展导致失业人口增多、改革创新瓶颈等新问题。对学生群体而言，部分大学生还没有形成正确的价值观。由此可见，经济增长和社会发展的环境对大学生个体及高校思想政治教育具有重要的影响，学校要引导学生正确认识和判断国家经济形势，形成正确的“三观”，做出正确的价值选择。

3. 文化环境

文化是一个国家、一个民族的灵魂。中国特色社会主义文化源自中华民族5000多年文明历史所孕育的中华优秀传统文化，熔铸于党领导人民在革命、建设、改革中创造的革命文化和社会主义先进文化，植根于中国特色社会主义伟大实践。其中文化强国建设已经成为新时代中国特色社会主义文化建设的重要目标。

中国特色社会主义进入新时代、民族复兴伟业进入关键阶段，党和国家对高素质人才的需要比以往任何时候都更加紧迫。在新形势下，教育工作者在开展思政教育实践过程中，应当以以文化人、以文育人为导向，贯彻落实“立德树人”的根本任务，开创育人工作新局面。

在新时代的背景下，我国的经济持续向好发展促进文化环境领域的深刻变革，同时为其提供了发展条件。党的十八大以来，党中央持续增进民生福祉，大力推动改革发展成果更多更公平惠及全体人民，兼顾满足人民的物质需求与精神需求。但同时我们也能明显看到，文化领域还有许多短板，如城乡区域之间文化事业发展不平衡、体系不健全、资源分配不均、文化领域就业创业难等。从高校思想政治教育所处的文化环境来看，存在塑造性较低的实际困难，大学生喜闻乐见的文化诉求尚未得到较好的满足，这都可能对开展思政教育实践活动产生影响。因此优化社会和校园的文化环境都至关重要，有利于增强思想政治教育的时效性。

4. 网络环境

随着互联网的迅猛发展，通信、信息技术等领域的发展也达到了新的高度，实现了资源共享和信息自由，为个体更好地进入网络世界提供了极大的便利。但也可以看到以下事实：网络文化的出现打破了传统文化形态的线性和块状结构，使得每个个体都能成为塑造网络环境的主体，网络环境的不确定性增加了。此外，网络具有虚拟、自由、共享的特征，对比以往社会，网络的文化开放程度明显更高，塑造网络环境的主体数量的不断增加、主体匿名的不确定性、主体素质水平的不均衡、传播的广泛性等众多因素，造成网络环境监管难度不断增大。网络空间充斥着海量的政治、经济、社会、体育、艺术等信息内容，微信朋友圈、微博、抖音、知乎等各类新媒体平台也在不断推送碎片化信息，而人们通常选择快餐式阅读或是零散性了解。现今的互联网已成为学生学习生活的主要阵地，它丰富了大学生的政治文化生活、开阔了眼界，是保持与外界联系的主要途径，对大学生“三观”的形成产生较为深远的影响。但也有许多凭空捏造的负面信息和境外媒体恶意歪曲的事实，形成比较恶劣的舆论环境，缺乏判断和思辨能力的大学生很容易受到其蛊惑，有可能会对党和政府的领导失去信心，甚至做出破坏国家利益、危害社会安全的行为，如此一来则意味着大学生思想政治教育失去其应有的价值。因此要引导大学生理性客观地看待网络文化、网络舆论，根据青年大学生的特点和需要，在尊重网络思想政治教育规律的基础上，建立内容丰富多彩、形式生动鲜活、价值积极健康的网络文化空间，因势利导，守正创新。

00后大学生在网络高速发展的时代下成长，让他们脱离网络生活学习的想法并不现实，高校在长期实践中应积极探索如何遵循“主动积极、正面引导、加强管理、趋利避害、为我所用”的原则。高校要占领并充分利用好网络阵地，结合学生具体实际，建立内容丰富、关注度高的网络平台，并通过生动活泼、时下流行的方式方法，实现让学生主动看、高兴看、认同看的教育成效。另外，要重视网络行为规范，高校乃至全社会要加强对遵守网络道德规范的教育引导工作，推进网络平台实名制管理，完善网络信息发布和传播管理机制。同时加强对高校、学院、思想政治教师、学工系统的官方网络平台、QQ群、朋友圈及其他社交平台的管理与建设，并借助这些平台加强与学生的交流沟通，发布积极正面的信息，抵制不良信息和谣言。最后，加强网络思想政治课平台建设，结合古今中外政治、人文、经济、历史等课题，制作更多适合网络生态的短小精悍、积极引导力强、警示作用显著的多媒体教育素材，并将00后喜闻乐见的互动交流方式、偶像文化等融入其中，从而提高他们获取思想政治教育知识的积极性和主观能动性。

（二）微观环境

由于发展阶段的限制，学生所处的主要环境是校园和家庭，而且大多数的大学生没有实现独立，依旧对父母、教师和朋辈有着很强的依赖性，这意味着家庭、学校和朋辈群体环境可以对大学生产生直接性的甚至深远性的影响。

1. 家庭环境

家庭环境是无法改变的客观环境，对人生存生活和发展的影响深远且持久。自子女出生起，父母便是子女的第一任老师。父母对子女身心的发展最直接最具体，对子女一生的影响最深刻最持久，任何人都无法替代。家长既要给子女上好“第一课”，又要尊重学校的教师，配合其共同做好子女的教育。同时还要注重家庭文化氛围，给予其正确的思想价值引导。毫无疑问，家庭环境是思想政治教育环境当中的基础环境。和谐、民主、平等的家庭氛围，积极、乐观、向上的家长心态，平等尊重的沟通交流，及时了解子女思想状态，积极倾听他们在生活、学习中遇到的问题，用循循善诱的方式引导他们靠自己的能力去解决问题，这些方面的要素和行为有助于子女的成长，尤其会对子女的思想品德与行事作风产生积极影响。另外，家长的文化素质和道德修养也对大学生的成长产生深远影响，因此，家长自己也必须树立正确的“三观”，重视德育，以身作则，努力提高自身的思想品德和道德修养，做好榜样。

2. 学校环境

大学是传播和创造先进文化的主阵地，是开展思想政治教育实践活动的主课堂、主渠道。学校环境包括学校硬件环境，如有形的、显性的基础设施建设；学校软件环境，如无形的、隐性的校园文化建设等。优美的校园自然环境、良好的学习生活环境对学生良好思想品德的形成有外在的促进作用，而不良的校园文化风气对学生思想品德的形成起到负面影响。因此为大学生提供一个良好的学习生活环境，对学校优良学风、校风的形成，对大学生正确“三观”的形成有着较为深远的影响。校园文化是进行思想政治教育的重要载体。在开展思想政治教育实践过程中，可以通过加强校园多元文化建设，引导学生参与校园文化活动，调动学生的参与积极性，以此来打造丰富的思想政治教育环境。

3. 同辈群体环境

同辈群体是指由一些在年龄、个性、家庭、兴趣爱好等方面较为接近者组成的较为密切的群体。由于年龄、文化水平等方面接近，又有着相似的关注点和共同的话题，以共同的兴趣爱好来开展活动能让他们感受到地位的平等，因此大学生在交往过程中容易对同龄人产生好感，在不知不觉中互相影响，逐渐形成一个比较固定的群体，最终会形成共同的价值观和评价体系。在开展思想政治教育实践过程中，可引导鼓励大学生多与品学兼优、志同道合和具有良好修养的同辈交流，掌握同辈群体认可的交友方法和原则，成为思想健康、积极向上的社交圈的一员。另外，及时掌握成员的思想动态，以正确积极的价值观引导和影响其社交圈，尤其还要做好社交圈当中核心人物的思想政治教育工作，使其积极影响社交圈当中的其他成员，共同形成良好的思想品德。

总而言之，大学生的思想教育需要考虑到多种外部环境的因素与作用，尤其是家庭、学校和同辈群体环境对大学生的影响。要充分利用好各种环境的积极要素，并使其形成良好合力，共同推动思想政治教育实践活动的发展，实现大学生思想政治教育的价值。

第三节　思想政治教育的对象

一、大学生的思想特性

（一）政治意识强烈，但政治立场不坚定

青年学生既要有充足的前进马力，也要有坚定的前行之舵，要把好政治方向这个重中之重。长期以来，我国青年大学生在政治意识方面都具有突出的强烈性特点。在各个历史时期，青年大学生总是起着“排头兵”作用，为国家生存、发展、繁荣而不懈努力。尤其以五四运动为代表，这是中国青年知识分子作为先锋队为挽救民族危机而掀起的伟大革命运动，充分体现出中国青年学生强烈的爱国精神。他们不怕牺牲，勇于奋斗，甘愿为祖国奉献出自己的一切，甚至是自己的

生命，奏响了一首跨越百年的爱国主义壮歌。社会主义建设时期，广大大学生牢记历史使命，将自己的一切都无怨无悔地献给了祖国，将勤奋所学化为国家强盛繁荣的支撑，为社会主义建设贡献自己的力量，将个人的追求同祖国的繁荣昌盛联系起来。自改革开放以来，国内国际的社会环境都发生了巨大的变化，但是大学生投身于改革开放实践，为实现中国从“站起来”到“富起来”而贡献青春力量的决心没有变。大学生能够将他们在大学里学到的知识文化和技能运用到国家建设中去，明确自己的个人发展和国家的前途命运有着不可分割的联系。一方面，广大学生通过自身的努力为实现社会主义现代化，建设现代化强国而不懈奋斗；另一方面，国家也成为广大学生施展才华、实现雄心抱负的坚强后盾和广阔平台，为其更好地发掘自己的潜能创造稳定、良好的环境和条件。

尽管大学生在总体上具有强烈的政治意识，思想积极向上，但是在政治立场上仍然具有不坚定的问题。随着互联网的迅猛发展，大学生作为互联网时代的“原住民”，对新媒体及互联网技术具有较强的把握和熟练运用的能力，他们拥有更多的机会和平台了解国内国外发生的大事，以及接触更多的思想和信息。大学生思维普遍比较活跃，能够快速了解时代的特点，把握时代的脉搏，具有较强的掌握和接受新事物的能力。大学生的思想特点必然带有时代的烙印，互联网的发展一方面给大学生了解信息提供了广泛的渠道；另一方面也让大学生接触到了良莠不齐、鱼龙混杂的非主流思想，导致了部分学生受不良思想、落后思想及腐朽思想侵蚀，政治立场不坚定。进入大学以后，大学生不再像高中一样进行紧张和紧密的学习，拥有较为自由的时间和空间，再加上手机、平板、电脑等移动设备的配备，他们有时间、有精力也有条件去关心国家大事及其他时政热点。虽然步入大学的他们大部分已经成年，拥有一定程度上独立思考的能力，但是他们长期浸泡在互联网这个“是非之地”，容易受到不良思想和虚假信息的侵害和影响。同时，由于缺乏相关的理论知识和素养，对党的认识存在零散、片面、浅薄的状况，他们的政治态度仍然容易受他人干扰和影响，政治立场不坚定。

（二）学习能力强，思想具有创造性

由于大学生在生理上已经趋于成熟，在思想上也发生了极大的变化，其思维能力、智力等方面都得到了迅速的发展。思维能力和智力上的迅速发展使大学生

拥有强烈的好奇心，他们会在日常生活中观察各种各样的事物。同时，他们在这过程中不断提升自己观察事物、分析事物、总结事物的能力。这种行为习惯使他们的学习能力增强，其思维也具有较强的创造性。他们富有想象力的特点，让他们往往敢于去想、去闯、去做，乐于、善于将思想付诸实践，从而实现从思想上的创造到行动实践上的创造。

青年大学生具有无与伦比的创造力。首先，大学生的身体素质强健，意志力坚强，为创新提供了坚实的身体素质基础。大学生的精力旺盛，能够克服创造劳动所造成的体力、脑力、心力困难。其次，大学生的思想活跃，富有批判精神，敢于质疑。他们能够跳出传统框架的束缚，用新的角度、新的思维去思考问题，并且他们还具有冒险和探索精神，敢想敢干，这对创新来说是必不可少的条件。

（三）个性化鲜明，以自我为中心

首先，随着社会主义市场经济公平、平等、竞争、开放等原则的确立，人们的思想观念也逐渐改变，经济上的平等、开放等思想被运用到生活、工作和学习当中来，尤其是对正处于思想观念形成时期的大学生来说，这种影响更是广泛而深刻的。其次，随着实践活动范围的不断扩大，大学生能够利用多种渠道实现自己的目标，达成自己的梦想，他们的思想观念也逐渐开放。在生活方式上，他们力求能够区别于他人，希望自己能活出与其他人不一样的人生，张扬自己的个性，将生活中的一切都贴上属于自己的“标签”。在思想观念上，他们有自己独立的思考，不屈服于权威，勇于质疑，敢于提出自己的观点并坚持到底。

社会的进步以及思想的解放，加上不同文化带来的思想冲击与碰撞，一方面促进了大学生鲜明个性的形成，另一方面也导致其价值观多元化、自我意识增强。在中国“富起来”的历程中逐渐成长起来的大学生天生就具有较强的自信感和独立自主意识。他们能够在大学期间对自己未来的发展目标和方向进行规划和落实，自主选择参与什么样的活动，开展什么样的实践。但是在这种“自我中心”价值观的影响下，很多学生过度以自我为中心，“唯我独尊”。

（四）逆反性思维强烈

大学时期，大学生的身心正处于发展的关键期，他们正逐渐走向成熟但又并未完全成熟，还不能理性地看待和处理问题，具有一定的逆反性思维。首先，大学生的心理发展还不够成熟。这有主客观两方面的原因。一方面，从客观上看，随着社会的不断发展和科技的不断更新换代，大学生接触的新生事物层出不穷，这些新生事物涵盖生活、学习和工作甚至是思想方面，对他们的生活方式、思想观念和学习方式等各方面产生了深刻影响，导致大学生心理上具有多变性、不稳定性等特点；另一方面，从主观上看，大学生尚处于思维模式的形成发展时期，并未形成固定的、系统的和全面的思维模式，思考问题往往具有片面性、浅薄性和随机性，不能对某一事物做出全面准确的价值判断，对思想观念的甄别和辨别能力较弱，难以去伪存真，容易受到各种思潮和社会思想观念的“摆布”，具有摇摆性。其次，大学生的情绪丰富但也多变，具有丰富性、细腻性和波动性等特点。由于大学生活丰富多彩，大学生能够有除了学习以外的丰富体验，他们可以产生丰富的情绪体验。但同时，其情感的细腻性和脆弱性导致他们容易产生多变的情绪，情绪起伏不定，时而兴高采烈，时而垂头丧气。情绪的细腻性、丰富性及波动性等既是大学生特有的优点，也是他们的“软肋”。一方面，如果这些情绪能够得到正面的引导，将成为他们奋斗、努力实现目标的精神动力；另一方面，如果这些情绪没能得到正确的纾解和引导，也会成为他们发展路上的绊脚石。他们在思想上的稚嫩，导致了他们容易产生逆反心理。

二、大学生的行为特点

（一）学习行为特点

在学习过程或学习活动中，人们通过调动各种感知觉器官感知外界传输的信息，然后在思维中对这些信息进行加工处理，将其变成自身的知识，并用于指导自身的实践活动。人在不同阶段的学习行为特点也不尽相同，同一阶段的人在不同时期的学习行为特点也各有不同，大学生的学习行为也有其特殊性。一般来说，大学生的学习行为具有以下几个特点：

第一，大学生的学习行为具有专业性。目前，各个高校制订的人才培养方案中所设定的人才培养目标和毕业要求等都与该生的专业息息相关，课程设置和课程安排以及课后作业等也都紧紧围绕专业课程，致力于把大学生培养为“深精尖”的高质量专业人才。

第二，大学生学习行为具有开放性。一方面，大学生获得知识的渠道和途径十分多样，例如教师讲授、学术讲座、学术会议、基层调研以及网络搜集等。另一方面，中国特色社会主义进入新时代，对学生的学习也提出了更高的要求，除了牢牢掌握专业知识，还要对其他门类的知识有一定程度的涉猎，全面发展，一专多能，才能担当民族复兴大任。

第三，大学生学习行为具有互促性。互促性指的就是大学生之间能够自主组成相应的学习小组，互相帮扶、互相激励地开展学习。当前，大学生普遍乐于利用课内外的机会进行学习交流、合作，共同研讨学习问题。

第四，大学生学习行为具有创造性。新时代大学生是具有创造力和想象力的一代，他们思维灵活、观点鲜明，动手能力强，善于运用他们天马行空的想象力和极具个性的思想创造出新鲜事物。

第五，大学生的学习行为具有自主性。大学不同于高中，大学是一个为学生提供自主发展平台，助力学生激发潜能、绽放自己的地方，需要学生充分发挥自身的主观能动性。由于大学的课程安排给学生预留了很多自学的空间，学生需要自己利用这些时间和空间开展学习，同时，他们也有能力在自己的学习活动中承担好自己的角色。

新时代思想政治教育工作者必须深刻把握教育对象的学习行为特点，尊重其形成发展规律，因势利导，对教育对象的学习行为进行引导和教育，让学生形成良好的学习习惯。

（二）社会实践行为特点

除了理论知识的学习，大学生还必须进行社会实践，将理论运用到实践当中，实现“知行合一”，这样既能增强理论的实际运用能力，又能避免理论与实践脱节而产生的“两张皮”现象。在社会实践的过程中，大学生的行为也具有一些特点。首先，大学生的社会实践行为具有突出的实践性。大学生主要通过到偏远地区支教、进行基层调研、开展理论宣讲等形式开展社会实践活动，这些活动一方面对当地缺人才、缺知识等问题提供了一定程度上的帮助，为当地人民谋福利；另一方面也有利于提升大学生的知识、意志、情感、能力等。在开展社会实践中，大学生能了解、体验民情，在这个过程中反省、感悟，提升自身的思想境界，从而自觉抵制各种腐朽思想的侵蚀。其次，大学生开展社会实践活动还具有专业性。在开展社会实践的过程中，大学生不仅是服务和帮助当地人民，同时，他们也能够在这一过程中发现自身的优点和不足，在以后的工作和学习中不断发扬自身优点，改正自身不足，进一步学习以不断提升自己。最后，大学生开展社会实践活动具有创新性。面临社会实践过程中出现的种种问题和困难，大学生必须灵活运用所学知识和技能才能处理出现的这些情况，有助于锻炼其团结协作和开拓创新的精神。

（三）大学生网络行为特点

网络是新时代大学生不可回避的话题，甚至已经成为他们新的生活范围，他们在“两个世界”里生活，一个是现实世界，一个是网络世界。互联网的兴起和发展给大学生的方方面面都带来了极其深刻的影响，例如生活方式、思维方式、学习方式、工作方式、人际交往等。互联网是一把双刃剑，它本身不具备好或是坏的性质，主要是看运用它的人是否运用得当。将其运用在积极向上的方面，则会事半功倍，助力大学生的学习和成长；反之，将其用在消极落后的方面，则会事倍功半，甚至一无所成。例如不少大学生在大学阶段沉迷于网络游戏、电视剧、小视频、动漫等娱乐性内容，这大大耽误了大学生的学习和成长。因此，大学生的网络行为特点主要表现在以下两个方面：

首先，求知性。当代的青年大学生是伴随着互联网的兴起而逐渐成长的一代，他们自童年起就能通过各种途径接触到互联网。随着年龄的增长，他们对互联网的了解日益增多，对其运用也十分熟练。互联网为大学生获取丰富的信息和知识提供了广阔的空间，大学生也正处于求知欲较强的智力增长期，这在一定程度上激发了他们的求知欲。互联网上面的信息具有即时性，海量性、开放性等特点，这为大学生搜集各种信息和资料提供了优良的客观条件。一是互联网信息的即时性，随着互联网技术的迅速发展，各种移动终端也得到了普及，大学生人手一部手机，他们随时都可以在手机上查阅自己需要的资料和信息。二是互联网信息的海量性。由于互联网使用者都可以在网络上上传内容，各种媒体和平台运营者及网民个人等也会通过各种平台发布信息，因此互联网上面的信息十分丰富。

相较于以往需要通过图书、期刊、报纸等传统方式而言，现在学生可以通过更便捷的查阅方式获取更多的信息和资料，这也在一定程度上节省了获取知识和信息的时间，让学生能够在相同的时间里学到更多更丰富的知识。同时，互联网上也有很多书本上、课堂中未涉及的内容和知识，这样一些课本上难以理解的部分，学生都可以通过互联网查找资料，弥补知识空白，满足其求知欲。

其次，娱乐性。互联网就其本质而言只是人们进行工作、学习、娱乐等活动的工具，其本身并不具有好坏性质，但是正如上文所述，如果大学生能够将互联网当作激发和满足自己求知欲的工具，那么它就会促进学生的成长成才；反之，如果只是将互联网作为一种娱乐消遣的工具，那么反而会让大学生迷失在网络当中，耽误自己的青春年华。改革开放以来，我国的物质生活得到了迅速的发展和丰富，尤其是当代大学生成长起来的时期，物质生活条件都得到了一定程度的保障，因此他们会更加重视精神层面的追求。互联网的娱乐性功能十分强大，各种影视、游戏、动漫、小说等层出不穷，网络上满满都是“诱惑”。部分学生在进入大学之后，由于各种原因，逐渐迷失在网络当中，成为了“网瘾少年”“刷剧少女”等。但是在网络上获得的成就感和建立的人际交往关系终归还是虚拟的，大学生必须在真实世界中追求自己的人生价值，去建立自己的人际交往圈，不虚度光阴，让自己的大学生活有意义地度过。

三、大学生的成长规律

（一）大学生的共性特征

1. 各阶段的特点鲜明

尽管大学生具有个性化的特点，但是从宏观上来看他们仍然具有一些共性特征。首先体现在他们在各个阶段具有特点鲜明的共性。在大一阶段，大学生刚刚步入大学校园，这里的一切对他们来说都是新鲜的、新奇的，他们对校园里的一切事物都有着很强的好奇心。其次，他们也怀揣着自己的梦想和热情，对学校的各种社团、各项活动都充满着积极性，无论是在学习中还是在人际交往中，他们都乐于尝试。在大二阶段，他们总体上处于平稳过渡状态。他们逐渐从高中的“被动式学习”向大学的“主动式学习”调整，形成自己适应大学生活的学习习惯和学习方式，对学校的各种事物已经日益熟悉，好奇心削减，但是对未来的发展和规划已有一定的方向和初步的探索。在大三阶段，大学生会有比较清晰的自我定位和对未来的规划。经过前两年的迷茫和探索，大三阶段的大学生可以说是“成熟”的大学生了，对大学生活的探索基本已经结束，将关注的焦点放在自身未来的发展上，能够较为清晰地认知自我以及未来的路该何去何从。在大四阶段，大学生主要聚焦在升学和就业两个方面上。一部分学生还想提升自身的知识能力素养，为考研而奋战；另一部分学生主要把精力放在求职上，通过各种渠道收集就业信息，用一次次面试敲响未来职业生涯的大门，在困境中探索自己的未来发展之路。

2. 内化与外化统一规律

大学生的成长遵循内化与外化统一规律，就根本而言，高校思想政治教育工作就是对大学生开展有计划、有组织、有目的的教育，使其形成符合一定社会要求的思想品德并将这种品德付诸实践，是塑造大学生的思想并促使其践行的实践活动。思想政治教育工作主要做的是“内化”的工作，让大学生具备正直的品格和良好的道德修养；大学生一旦在思想层面形成了这种认知。在实践层面自然而然也会践行这种认知，即“外化”。内化与外化是一个不断螺旋式上升的过程：思想的认同，即内化；在下一次实践中外化出来，外化过程中获得的新的感受又成为新的内化；新的内化又进一步外化，如此循环往复。内外化的统一主要体现在外化过程中，要让思想上的认同逐渐转化为行动上的自觉。

3. 思想与行为相统一规律

思想和行为是辩证统一的。人的思想支配人的行为，人的行为反映人的思想，思想与行为是相统一的。但是，人是现实的人，而现实总是复杂的。因此，人的思想和行为也是复杂的，人的各种思想和行为之间的关系同样也是复杂的，二者之间的联系也并不都是表面的、直接的，其间常常需要通过动机、态度等作为中介。大学生思想活跃、接受新事物能力强，在新媒体时代拥有广泛的信息来源途径，因此他们可以将自己所赞成的思想观点很快落实为自身的行为动态。目前，很多大学生存在一定的从众心理和跟风心理，主要表现在消费观、恋爱观以及就业观、择业观等方面，这说明大学生的思想与行为相统一过程中的某一环节出现了问题。

4. 自我意识增强规律

自我意识主要包含自我认识、自我体验与自我控制三个方面，三者环环相扣、相互促进，是“知、情、意”三者的统一。首先，自我认识是产生自我意识的第一步。大学生在步入大学之后会逐渐弄清自己的角色和定位，对自己的心理和生理变化都有进一步的了解，主动认识自己、接纳自己。其次，自我体验是其中的第二步。自我体验主要指的是大学生希望能够在大学生活中得到他人的关注、认可与尊重等，实现自己大学生活的价值，让自己的大学生活过得精彩且有意义。这种自我体验是建立在自我认识的基础之上的，对自我是否有正确的认识决定着自我体验是否能够得到良好开展，同时，自我体验对自我认知也有反作用，大学生能够在不断的自我体验中调整对自己的认知。最后，自我控制是自我意识增强的最后一步，也是极其重要的一步。在认识自我、体验自我之后，更要学会如何控制自我。自我控制就是能够按照自己的意愿控制自己的思想和行为，对大学生的个人发展起着十分重要的作用。一方面，较强的自我控制能力是大学生拥有独立意识的体现；另一方面，较强的自我控制能力能够让大学生在度过大学生活的过程中坚定地朝着自己设定的目标前进，而不受其他事物的诱惑和干扰。新时代大学生普遍具有一定的自我意识，并且随着不断学习，自我意识不断增强，具有较强的辨别是非的能力，能够自主做决定，具有一定批判精神与思辨能力，不屈服于权威和强权。

5. 人格权威与学术权威相结合规律

随着时代的发展，新时代大学生当前所处的环境是知识与科技相结合的产物，所以教育者通常具有人格权威、科技权威、知识权威与传统权威等特点。权威是一种要求对象服从的规范性力量，能够促进双方在原则上的和谐共处。教育权威是自教育诞生以来受教育者就对教育者自发的尊崇和敬佩而产生的权威，不论是教师对学生，父母对子女，还是师父对学徒都有这种权威。毫不夸张地说，教育离开了权威将一事无成。人格权威也可以看作是教育者自身的人格魅力。教育者要提升并运用自己的人格魅力去感染学生。人格魅力高的教师，学生往往会认同其传授的思想观念和知识；反之，人格魅力低的教师，学生往往对其所传授的思想观念“不屑一顾”。对科技与知识的渴求，使得大学生对教育者的学术权威给予了崇拜，但是这种学术权威在信息逐渐普及化的互联网时代受到了动摇，教育者失去了过去对信息的垄断权。因此，教育者要将学术权威同人格权威结合起来，更好地开展思想政治教育工作。

（二）新时代大学生的新规律

1. 与时代发展同频共振的规律

在不同的时代，人们所使用的工具都不尽相同，每个时代有每个时代的印记。在旧石器时代，人们以打制石器为主；在新石器时代，人们以磨制石器为主；在青铜器和铁器时代，人们掌握了青铜和铁的冶炼技术；在蒸汽时代，机器生产逐渐取代手工劳动；在电气时代，人们能够广泛地运用电能源；在电子信息时代，也就是我们现在所处的互联网时代，互联网深刻地影响着我们的学习、生活和工作方式。大学生生活在这个互联网时代，他们的成长与时代的发展是同频共振的。大学生的思想、行为都深深印刻着时代的特征，他们的思想、行为同时也在影响和推动着这个时代的发展。自改革开放以来，中国人民逐渐实现了“富起来”，物质生活水平得到了提高，生活在这个年代的大学生也能够“直起腰板来”，尤其是党的十八大以来，“四个自信”逐渐烙印在大学生的心中，他们的思想和行为都深刻彰显出不同于以往大学生的自信。

2. 社会要求与个体需要间的调试规律

以前我们总是强调学校要培养出社会需要的人才，这里重视的是社会需求而不是学生的个人需求，但是随着大学生展现出的个性化趋势愈加明显，我们可以预见这种社会需求导向不再适应对学生的培养。大学生更重视自己的需求和想法，与社会需求之间往往存在一定的差距。学校的目标不是要消除这种差距，通过抹杀学生的个性或是让社会遵循学生的个性使双方达成一致，而是要让社会需求同个体需求之间保持适度的张力，让二者能够在一定范围内进行调试，以达到适配的目的。高校可以通过开展思想政治教育，让学生在思想上树立对国家、对社会以及对集体的责任感，使其个人价值追求同国家的发展相联系。同时，高校也要通过各种专业技能训练增强学生的理论和实践能力，以使其在能力方面也能够在一定程度上满足社会的需求。

3. 身心发展规律

正值青春年华的大学生，尽管在生理上已经趋于成熟，但是其思想意识仍然处于一个易受影响的成长期。一方面，他们期望拥有极大的自由时间和空间，却缺乏一定的自我控制和约束能力；另一方面，他们一边渴望能够发挥自己的潜能和优势闯出自己的一番天地，但是一边又缺乏相应的经验和能力以及遭遇打击的承受力。他们的自我意识逐渐增强，但是仍然离不开父母、教师的引导和帮助，在处理事情方面还缺乏理性和成熟。思想政治教育工作者要深入把握教育对象的身心发展规律，并以此为依据开展思想政治教育工作。

（三）大学生各方面的规律

大学生的成长规律主要表现为学习规律、思想规律、心理规律等各方面规律。这些规律的探索需要立足于大学生学习、思想、工作及其生活实际和成长过程，探求大学生在学习、思想和心理等各方面的需求和特点。只有把握大学生的成长规律，思想政治教育工作才能与时俱进，根据大学生的成长规律做出相应的改变，实现立德树人的教育目标。

1. 学习规律

(1) 有强烈的求知欲望，但学习目标不太明确

刚步入大学校园的大学生正值求知欲旺盛的年纪，普遍具有较高的求知热情。在高中时期，他们的学习目标很明确，就是奔着自己理想的大学而努力奋斗。在进入大学以后，每个学生的梦想和追求都不甚相同，甚至一部分学生还处于迷茫期，面对多元的职业选择，没有明确的职业规划和目标。由于目标的模糊和缺失，学生的学习行为就变得盲目。许多学生从内心而言是想要学习并掌握一些专业本领和真本领的，以便实现自己的追求，为未来适应社会、找工作做好准备。但是他们却不知道学什么、怎么学，也不知道如何恰当地管理和分配自己的学习时间，只是完成教师布置的课堂内外的作业就无所事事，或是沉迷刷剧、游戏等。

（2）学习动机不纯，具有功利主义色彩

动机是激励人们采取行动的心理动因，人们的种种行为活动都有一定的动机在里面。学习动机是否纯正对于大学生在学业上是否能取得成功或能否将所学知识和技能用在正确的方面起着决定性作用。在当前市场经济的环境下和各种非主流价值观的影响下，部分大学生的学习动机不纯，具有浓厚的功利主义色彩。在丰富多彩的社会生活等因素影响下，大学生的学习动机呈现出多样化的趋势，主要包括以下几个方面：能够获取一个好的工作，追求较好的物质生活；实现自己的人生价值，获取较高的社会声望；努力学习，感谢父母亲人的养育之恩；等等。这些学习动机有些过于狭隘，只想到自己的个人利益，而有些学习动机稍显功利化。这些学习动机都忽视了对集体、对社会、对国家的责任和义务，没有将个人利益同集体利益、社会利益、国家利益相结合。这种功利性的学习动机体现在微观上就是唯分数论、唯金钱论等。他们参加各种活动都以是否与学习成绩或是学分、综测挂钩，如果加分就参加，如果不加分就不参加，不考虑这项活动本身的目的和意义，只关心是否对自己评奖评优有利。这种功利性浓厚的学习动机难以真正调动学生的学习兴趣，让学生学到真正有益的东西。

（3）学习压力加大，学习习惯不甚良好

从高中步入大学校园，意味着要开始独立生活，脱离父母亲人无微不至的关怀、照顾和包容，有很多事情需要自己去面对和处理，以前为他们挡风遮雨的人无法再为他们将所有困难都阻挡下来，他们需要学会自己负重前行。人生中的许多重要课题接踵而至；如何适应从高中生到大学生角色的转换，如何在大学生活中进行人际交往，如何处理高中学习方式与大学学习方式的不同，如何规划自己未来的发展以及如何处理情感困惑等。其中学习压力是大学生主要的压力。虽然大学生的课业从表面上看十分轻松，课程安排并不是很多，但是大学的主要学习其实反而在课外，学生需要充分利用课外的时间去图书馆看书、在网络上搜集资料甚至到实地去调研等。经过高考这一轮“筛选”，考入大学的学生基本都是在学习上有一定成果的学生，因此，他们之间的竞争也更加激烈，想要在班级或年级取得好成绩也并不是一件简单的事情。但也有部分学生的学习热情衰减，再加上不自律和不合理的学习方法，期末的时候，他们往往还会面临着挂科的风险。由于激烈的竞争，有追求的学生也面临着考证、考试等各方面的压力。尽管大学生的学习压力很大，但与之并不相匹配的是，部分学生并没有养成良好的学习习惯，主要体现在：学习态度不端正，学习效率低下；学习缺乏主动性，课前不预习、课中不听讲、课后不复习；作业也时常敷衍了事，得过且过；到了期末就挑灯夜战两三天，高呼“60分万岁”，只求不挂科。

2. 思想规律

(1) 思想多元化，一元与多元共存

当今世界是一个开放的世界，思想意识也呈现出多元化趋势，并且会继续存在和发展。但从整体上来看，我国高校大学生主流思想是积极向上的，普遍信仰马克思主义，坚持中国共产党的领导，坚定走中国特色社会主义道路，拥有正确的世界观、人生观和价值观。但是在改革开放持续深入的背景下，受市场经济发展的负面影响，大学生容易被腐朽思想侵蚀、迫害——他们拥有强烈的正义感和道德感，但是对事物的认识还很表面，不够深入和深刻，不能透过现象看本质，对社会上出现的一些不正之风、腐败现象和道德缺失等现实问题缺乏理性的认识和态度，容易被某些别有用心之人利用。随着网络的迅速发展，大学生普遍能够在网络上看到大量的信息，这些信息良莠不齐、鱼龙混杂，某些价值取向看似合理，其实背后是腐朽文化的渗透和误导，导致部分大学生的价值取向多元化、信仰多样化，功利化和世俗化倾向明显。

(2) 自我意识增强

新时代大学生是伴随着中国的繁荣强大成长起来的一代，有强大的祖国作为后盾，他们的自信感和自我意识都不同于以往的大学生。再加上现在有很多大学生都是独生子女，在家里被父母和长辈细心照顾、倍加关怀，他们更加关注自我的感受。同时，他们也更愿意独立思考，更注重自己的想法，更强调个性化，喜欢与别人不同，受到别人的关注，希望受到他人的认可和赞赏。学生对教师不再是盲目崇拜，也会对教师提出的观点进行质疑和反驳，有自己的思维方式和独立意识。他们在生活中遇到困难也倾向于自己独立解决，而不是求助于他人。这对培养大学生的独立人格具有极其重要的作用，但同时也要警惕极端个人主义思想的形成，引导学生正确地认识自我、接纳自我、成就自我。

(3) 功利意识加剧

随着经济全球化以及改革开放的不断深入，我国市场上涌现出了很多世界各地的商品，我国的很多商品也被运送到世界各地。这种开放并不只是引起了经济上的巨大改变，也深刻影响了我国人民尤其是大学生的思想。市场经济带来的逐利性给大学生的价值观带来了一定程度的负面影响，致使他们在大学生活中也不知不觉地将这种功利性思想用到学习、工作、人际交往等方面，常常表现为：只关心自己的利益，不关心集体，缺乏集体荣誉感，不懂得换位思考；缺乏理想和信仰，只看重实在的物质利益，具有拜金主义倾向；人际交往中缺乏真心而只看重能否让自己获取利益；等等。

（4）创新意识凸显

在“大众创业、万众创新”的国家号召下，以及国家颁布的各项政策的支持下，大学生拥有了一定的进行创新的客观条件。同时，成长中的大学生自身也拥有无限的潜力，精力旺盛，充满好奇心，这是大学生进行创新的主观条件。在这个日益激烈的竞争环境下，他们不得不发挥出自己全部的潜能进行创新。他们在不断地探索和创新实践中努力寻找自己的人生价值，追求自己的梦想。可以说，创新成就梦想，梦想推动创新。

3. 心理规律

（1）情感丰富且波动性较强

由于大学生的身心发展正处于逐渐成熟的“拔穗”关键期，再加上他们的大学生活丰富而多彩，有很多丰富的经历可以去感受，因此他们得到的情感体验也十分丰富和深刻。由于大学生还没有真正步入社会，缺乏一定的阅历和经验，即使只是在大学校园里，并不像真正的社会那样复杂，也需要大学生自己去处理他们面临的很多方面的问题。以前有很多事情父母在让孩子接触之前就已经帮他们解决了，他们并不了解这个世界复杂的一面，缺乏客观全面的认识，因此在面临失败和挫折的时候很容易心理不平衡，反映在情绪上就表现出不稳定、波动性大等特点。

（2）意志力增强，但存在差异性和不平衡性

意志是人类发挥自身主观能动性的集中表现，是人类独有的心理现象。意志与人们实现某种目标和达成某种成就有着密不可分的关系。大学生相较于高中生而言，意志品质明显增强，他们能够为自己设定目标、制定计划并努力朝着目标努力。但也存在意志力不稳定、不平衡的特点，存在较大的个体差异性。体现在

每个学生的意志力强弱不尽相同，面对不同的方面同一个学生也有不同的意志承受力。从总体上看，大学生普遍承受挫折和应对突发事件的能力较弱，学校家庭对其意志品质的重视和培养锻炼明显不足。部分学生由于意志力较弱，有“拖延症”，表现出不主动、不作为、不在意等特点，缺乏责任意识和义务意识。但是意志力较强的学生自信、果敢，能够正确应对和处理突发事件，审时度势，做出正确抉择，或是在面对挫折时能够直面失败，不泄气、不气馁，勇于承担责任，总结经验，不断改进，从而战胜困难，达到目标。

（3）人格初步形成，但人格特征很不稳定

人格的形成和发展不是一蹴而就的，而是经过不断的社会实践和经验积累而成的。因此，大学生需要在自我与他人、自我与社会、自我与自然的相互接触和相互影响、碰撞中逐渐形成较为稳定、成熟的人格特征。伴随着生理上的逐渐成熟，大学生产生了较为强烈的独立意识，喜欢自主决定、安排、策划很多事情，希望能够通过自身的努力赢得他人的认可和尊重。他们的自我评价能力也不断增强，不只是关注表面，也更加在意自己和他人的内心世界，在意自己和他人的真实想法，逐渐能够更加全面、客观地去评价自己和他人。他们的人格已经初步形成，但特征还并不稳定，需要在不断的实践中逐渐稳定、成熟。自我评价能力有所提升，但是仍然容易受情绪波动影响，在逐渐走向成熟、稳定的人格特征上仍然还有一段路要走。

第二章　思想政治教育工作融合机制

第一节　思想政治教育与党建党史工作融合

一、高校思想政治教育与党建工作融合的重要性

（一）是党员队伍素质提升的重要基础

高校思想政治理论课的教育对象是广大学生群体，主要是让大学生了解思想政治教育的基础知识，能够更加理性与客观地看待政治问题，树立良好的价值观与社会观。而高校党建则是思想政治教育的高级表现形式，党建工作的主要参与者或者受教育对象是高校的学生党员，因此，高校党建的目的是进一步强化学生党员的政治意识，以党的理论武装学生党员，发挥学生党员的模范带头作用。高校思想政治教育与党建工作存在着一脉相承的关系，思想政治教育在二者融合过程中起着基础性作用。当思想政治教育环节出现偏差时，党建工作的顺利开展必然会受到影响，学生党员的党性培养也会受到影响。高校思想政治教育与党建工作必须融合发展，这是打破学生功利主义的现实要求，是强化学生党员选拔、提升学生党员素质的现实要求，有利于促进党员队伍整体素质的不断提升。

（二）有利于促进高等院校的科学发展

以党的思想作为和谐校园构建的基本准则，有利于促进学校服务水平的提升，促进“以师为本”“以学生为中心”管理理念的落实，促进学校的功能转型。此外，高校党建与思想政治教育的融合发展还有利于推进教育体系的现代化转型。在党的指导思想引领下，思想政治教育与党建工作的融合发展，能够促进思想政治教育与学校管理的有机结合：一方面，既能提升思想政治教育的理论

性；另一方面，又能促进学校管理工作的发展，更重要的是，还能打开思想政治教育与党建工作融合发展的新局面。

“党建工作入课堂”也有利于促进学校优秀党员的选拔：一是有利于转变学生的功利主义思想，能够让学生在加强思想政治教育的同时接受党性的洗礼，更有利于学校、教师在课堂教学过程中发现优秀党员的后备人才；二是可以提高教师队伍的整体素质，以党的理论知识武装教师队伍能够充分发挥教师教学的主动性与积极性，加深教师队伍对党的认识与了解，在提升课堂教学质量的同时还能提升教师队伍的整体素质，营造良好的校园氛围，促进高校的科学发展。

（三）是推进大学生思想政治教育的客观要求

对大学生进行思想政治教育是实现我国高等教育教育目标的要求，是必须解决的方向性问题。按照一定的计划、目的对大学生开展信仰教育和世界观、人生观、价值观教育，能帮助大学生认识到树立什么样的信仰和坚持什么样的主义的重要性。学生党建工作对高校学生思想政治教育工作有重大的引导作用，是高校思想政治教育的基础。

当前，建立一支以学生党员和入党积极分子为主体的学生政治骨干队伍，并充分发挥他们在高校思想政治教育中的作用，是高校各级基层党组织面临的重要任务。由于学生政治骨干有着学生的身份，因此，其便于和广大同学接触、谈心，能够了解许多教师了解不到的情况，能比较准确地掌握广大学生的思想脉络；通过他们在学生中做工作，可以及时把党的声音传到青年学生中。同时，加强学生党建工作，有利于使大学生党员形成优良的生活学习作风，在日常的学习、工作和生活中处处发挥模范带头作用，进而帮助党在广大普通学生心中树立光辉形象。管理好、教育好、使用好大学生党员，充分发挥他们在高校思想政治教育中的作用，是大学生思想政治教育工作进一步加强和改进的需要，也是培养中国特色社会主义事业接班人的需要。大学生党建工作与大学生思想政治教育工作两者之间有着紧密联系，相辅相成，相互促进，可以形成一股合力，全面推进高校学生工作迈向新的台阶。

（四）是促进大学生全面发展的客观要求

学生党建工作要坚持以人为本和全面、协调、可持续发展的科学发展观，实现学生在马克思主义指导下的个性自由。因此，学生党建工作要坚持党要管党、从严治党，强化学生党员的教育、管理和监督。一方面，给学生党员提要求，强化对学生党员的约束；另一方面，贯彻以人为本的管理思想，尊重学生党员的民主政治权利，满足学生党员合理正当的需求，帮助学生党员实现自我价值，关心学生党员和关注学生党员利益，激发学生党员的内在动力。

学生党员作为中国共产党的一分子，代表中国先进生产力的发展要求和先进文化前进方向，必须对其加强思想、组织、作风建设，使他们通过学习党的历史，不断提高思想意识、组织意识和政治意识，自觉加强自身管理，进而促进其全面发展。

（五）是提高党的执政能力、巩固党的执政地位的客观要求

学生党员是大学生中的优秀分子，当他们走上工作岗位之后，可能会成为党和国家的高层次人才和党政干部。现在切实把他们教育好、管理好，在将来党政干部队伍中就能涌现出更多的优秀分子，从而巩固党在人民群众中的地位，进一步巩固党的执政地位。同时，把学生培养成才也是人民群众的殷切期望，把大学生培养成对祖国、对人民、对社会的有用之才也是高校提高党的执政能力，实现好、维护好、发展好广大人民根本利益的重要体现。牢牢把握学生党员这个优秀群体，符合党对党员先进性要求的初衷，更是巩固党的执政地位、保持党的先进性的必然要求。

大学生党员已成为巩固党的执政地位的基础力量。执政党的先进性是巩固党的执政地位的重要基础。大学生党员能否具有并保持先进性，关系到我们党能否保持先进性的问题。实践经验还告诉我们，青年学生，特别是高校学生，在政权更替过程中所发挥的作用越来越凸显。

（六）是建设中国特色社会主义事业的客观要求

我国的社会主义发展需要经历漫长而曲折的过程，需要一代一代中华儿女的不懈努力。高等教育作为我国教育体制中的重要组成部分，在培养社会主义事业的建设者和接班人方面，担负着重要的责任。要把几千万青年大学生的思想和力量统一和凝聚起来，让他们共同参与中国特色社会主义建设，就必须统一认识，

加强青年学生党员的培养工作，把他们培养成为具有坚定的马克思主义理想信仰，较高的科学文化素质并始终坚持党的工人阶级先锋性质，全心全意为人民服务，适应社会主义建设需要的高素质人才，这样他们就能自觉参与完成中国共产党的历史使命。

大学生党员已成为我国社会经济发展的重要依靠力量。无论是发展先进生产力还是发展先进文化，都必须造就一批批保持先进性的大学生党员。各高新技术产业开发区的高科技企业，其发起人和领军人物几乎全部来自高校；在民营企业中，受过高等教育的企业家的比重也在日益提高。大学生党员作为高素质人员，其在社会文化发展过程中也是引领文化潮流的群体。

总之，加强学生党建工作，有利于进一步提高党对高等学校的领导能力，提高高校人才培养的质量，切实维护和促进高校的稳定、团结、和谐与发展，有利于高校教育教学任务的顺利完成。这项工作是新形势下进一步增强党的阶级基础、扩大党的群众基础的战略需要，是建设高素质党员队伍和干部队伍的战略措施，也是培养大批高素质创新人才的组织保证。

二、党建工作融入高校思想政治教育的策略

（一）坚持党建与思想政治教育理念的创新

理念创新在党建工作与思想政治教育中起着引领性作用。在新时代背景下，国际事务纷繁复杂，以创新思维开展党建工作与思想政治教育对培养大学生正确价值观具有重要意义。因此，高校要不断寻求具有前瞻性的党建发展理念，以新理念引领高校思想政治教育，提升思想政治教育的党性内涵，这是促进文化传播、发展以及大学生健康发展的重要保障。

基于此，高校要依托现有的技术手段，在互联网与大数据的支撑下推动党建信息的高效传递，推进党的内涵与思想政治文化的课堂传播，增强大学生对思想政治教育的认识，构建起现代党建与思想政治教育的转型发展体系。在管理过程中，高校要不断强化党建工作的有效性，构建具有时代性与科学性内涵的高校管理体制，从思想层面改变大学生对思想政治教育的传统认识，让学生真正认识到思想政治教育的重要性与价值内涵。此外，高校还要鼓励教师勇于破除传统思想

的桎梏，不断开创新的思想政治教育课程模式与教学体系；注重培养教师的创新思维，鼓励教师吸纳先进的文化思想，以党的理论知识武装其头脑；帮助教师寻找更为高效的工作、学习路径，从而为学生的成长进步保驾护航。

（二）将校园文化融入党建与思想政治理论课

在新时代背景下，高校也迎来了改革发展的新机遇。只有不断适应新的历史环境，根据自身发展的特殊性，发挥自身的优势与长处，才能促进高校的全面发展。

坚持党的领导是高校管理的基本准则，也是实现高校科学发展的前提条件。经过长期探索，现代高校已经逐渐具备了丰富的文化内涵与雄厚的科研能力，在长期的教育管理过程中，还形成了符合地方发展与时代要求的校园文化，即高校校园文化已经成为现阶段优质文化的典型代表。因此，在党建工作与思想政治教育的融合发展过程中，高校要不断挖掘自身的优质资源，将独特的校园文化融入党建与思想政治教育工作中，充分发挥自身的文化优势，打造符合教师、学生与各级党组织发展的特色路径，不断夯实学校的文化基础，从根本上创新党建与思想政治教育的传统模式，使其形成别具一格的文化特质，从而为深入推进新时代高校的思想文化建设打好基础。

（三）拓宽党建与思想政治教育的工作渠道

新时代为高校党建工作与思想政治理论课的融合发展带来了历史机遇，同样也冲击着传统的党建模式与教育体系。作为高校教师，其必须紧跟时代发展的步伐，不断革新育人理念与教学模式，根据学生发展的特点，利用互联网技术的优势，不断整合各类信息资源，丰富教学内容，提升学生对思想政治理论课的新鲜感。

（四）坚持以人为中心的高校教育管理

以人为中心是实现高校思想政治教育与党建工作优化转型的必然要求，尤其在新时代背景下，经济社会的发展更加关注个体的内在感受，党建与思想政治教育工作也要关注学生的内心感受。在传统的高校思想政治教育工作中，学生通常处于被动的位置，缺少自主探索的机会；在党建工作中，学生的权力也难以有效体现，这就导致思想政治教育与党建工作存在着脱离实际的现象，教育者也很难从学生队伍中选拔出具有创新思维的优秀党员。因此，在党建与思想政治教育的融合过程中，教育者要逐渐转变以往的教育模式，坚持以学生为中心，根据学生的需求调整培养方案，让学生参与培养方案的制订，这样制订出的方案才符合学生的发展需求，新时代的思想政治教育与党建工作体系才更加符合学生发展的特点。

此外，在管理过程中，高校也要重新认识党建的重要性，遴选优秀人才作为党建工作的负责人，适当提升党建工作人员的实际权力，不断减少党建工作的现实阻力，形成现代化的党建工作格局。

三、高校思想政治教育与党史教育融合的方法、路径探索

（一）党史教育融入高校思想政治理论课的内容构成

1. 将党史学习教育的书目内容有效嵌入、融入高校思想政治理论课的教学体系

党史学习教育的权威教科书包含《论中国共产党历史》《毛泽东、邓小平、江泽民、胡锦涛关于中国共产党历史论述摘编》《习近平新时代中国特色社会主义思想学习问答》《中国共产党简史》四本书。作为党中央指定的学习材料，四本书在篇章结构、内容编撰、形式设计方面各有特点，是一个内容各有侧重又融会贯通的知识系统，需要相互参照、互相印证、互为补充，才能全面系统地明晰历史事件的演变过程，准确把握党的历史发展的主题主线、主流本质。

将党史教育融入思想政治课教学是新时代高校思想政治工作的一项重要任务，党史学习教育的书目内容是新时代创新高校思想政治教育的信息宝库，必须将其有效嵌入、融入思想政治课程教学中。教育引导青年学生认识并把握党和国家事业发展的历史主动；教育引导青年学生用党的创新理论武装头脑、指导实践，不断增强反对历史虚无主义的政治自觉；教育引导青年学生准确把握中国共产党“人民至上”的政治立场、“实事求是”的工作方法和“自我革命”的精神

品格；教育引导青年学生深切感悟中国特色社会主义理论的创新性、制度的优越性、道路的正确性、文化的先进性，深刻理解把握习近平新时代中国特色社会主义思想的精神实质、核心要义、理论品格，真正弄懂中国共产党为什么能、马克思主义为什么行、中国特色社会主义道路为什么好，实现学史明理、学史增信、学史崇德、学史力行。

2. 挖掘、保护、利用红色资源，推动思政小课堂和社会大课堂的结合

开展党史学习教育，要注重方式方法创新，用好党的红色资源，让干部群众切身感受艰辛历程、巨大变化、辉煌成就。红色资源是党在领导人民革命、建设和改革的过程中留下的历史遗存、精神印记和文化宝藏，因此红色资源与高校思想政治理论课在思想内容、价值导向和精神蕴涵方面高度契合。也正因为这样，在推进党史学习教育过程中，红色资源是重要内容和有效载体，要活化红色资源、讲好红色故事，释放红色文化的历史魅力和当代价值。

重大历史事件、重要历史人物、伟大历史精神的诠释是思想政治课理论教学不可或缺的史实载体。通过历史与现实的联系与比较，化抽象理论为鲜活事例、化被动学习为主动接受，教会学生坚持运用唯物史观准确认识和把握历史，培养学生的历史思维、历史眼光和历史担当，增强其对中国特色社会主义道路、理论、制度和文化的认识与理解。要保护红色资源，探索研学实践教学。

革命历史纪念场所，如革命博物馆、纪念馆、党史馆、烈士陵园等是党和国家的红色基因库，其景可感、其形可观、其质可触、其情可共，具有强烈的感染力和影响力，可以培养学生的高尚情操，引导学生树立马克思主义信仰、形成中国特色社会主义信念、坚定实现中华民族伟大复兴中国梦的信心。要坚持创造性转化和创新性发展，提升红色文化内容供给质量，推进媒介协同和媒介融合优化供给形式，不断增强教育内容的生命力、感染力，提高红色文化传播的影响力和渗透力，在潜移默化中厚植爱党、爱国、爱社会主义的情感，在情感共鸣、思想认同中知史爱党、知史爱国，传承红色基因、争做时代新人。

3. 整合校史、地方史、家乡史等史学教育资源，构建校本思想政治课程

党史学习教育有其自身的特点和规律，要发扬马克思主义优良学风，坚持分

类指导，推进内容、形式、方法的创新，坚持规定动作和自选动作相结合，开展特色鲜明、形式多样的教育活动。

高校应坚持创造性转化和创新性发展，以史学理论研究与教学实践应用相结合为着力点，充分挖掘校史、地方史、家乡史等史学教育资源，建立起红色文化的价值内蕴与社会主义核心价值体系的内在连接，并将其转化为鲜活的、生动的、接地气的思想政治课教学资源，促进党史教育与思想政治课教学的深度融合。将校史、地方史、家乡史等史学教育资源融入高校思想政治理论课，是有效整合学校、社会、家庭的教育资源，建设开放性教育资源体系，确保教学资源效能最大化的重要途径。校史、地方史、家乡史等史料和素材一般都比较具体、直观，密切联系现实生活，是高校思想政治理论课实现课堂延伸的重要教学路径，因而从学生的生活世界出发实现教学话语体系的创新转化，更容易引起学生共鸣、激发学生学习的内生动力。以史实事件、人物对标教学内容，通过对马克思主义立场、观点和方法的深刻诠释来有效地回应、说服、引导学生，培养青年学生树立正确党史观、运用唯物史观认识把握历史的能力和对马克思主义理论的高度自觉，真正做到实践体验、知识获取、能力提升的有机结合，引导青年学生做社会主义核心价值观的坚定信仰者、积极传播者、模范践行者。

（二）高校思想政治教育与党史教育融合的方法总结

1. 通过专题研究式教学提高党史教育的思想性、理论性

现阶段，将党史教育融入高校思想政治理论课，就要处理好党史教育与已有课程体系之间的关系。由于教学方案中并没有明确规划各门课程应承担的关于党史、新中国史、改革开放史、社会主义发展史教育的具体内容，而专题研究式教学具有针对性、开放性特点，因此可以作为当下推进党史教育融入思想政治课教学的有效方法之一。

专题研究性教学是一种开放型的教学方式，是将知识传授、能力培养和素质提升融为一体的多教师联合授课模式。高校思想政治理论课的教学设计要充分结合党史教育书目的编写特点和优势，针对学生思想实际和社会现实问题构建涵盖系列专题单元的教学框架。如《习近平新时代中国特色社会主义思想学习问答》一书采用大众化的叙事方式、问答的编写方式聚焦理论热点和问题，根据习近平

总书记对重大实践和理论问题的最新重要论述和重要指示批示回应干部群众和高校师生关切，彰显了理论的时代引领力和思想的现实穿透力，应作为开展专题研究式教学的理论指南和教学参考。此外，将党史教育融入高校思想政治理论课的专题研究式教学，导言专题设计也很重要，关乎整个专题研究式教学内容设计的科学性、整体性及连贯性。

2. 通过启发引导式教学发挥学生的主体性作用

将党史教育融入高校思想政治理论课教学，必须坚持主导性和主体性的统一。通过主体意识的激发和自我教育能力的提升来激发大学生学习成长的内生动力，形成高校思想政治理论课教师主导性和学生主体性之间相统一的动力叠加效应。在具体的教学实践中，结合党史教育的相关安排，可以组织案例分享、情境教学、红色研学、社会调查等教学和活动，使青年学生真正成为教学过程的设计者和教学实践的参与者；通过理论与实践相结合助力青年学生把理论认知转化为推动实践创造的现实力量，从思想上、实践上深刻理解把握习近平新时代中国特色社会主义思想的精神实质、核心要义、理论品格，更好地肩负起培育社会主义建设者和接班人的历史使命。

此外，启发和引导学生探索和解决问题的过程具有重要的理论和实践价值，能够提升他们对社会实际和发展趋势的认识、分析和判断能力，有利于青年学生增进与现实生活和人民群众的血肉联系；准确理解和把握开展党史学习教育的深远考量，对标“时代新人”的要求观照自身，从立德树人的高度深刻理解党和团的特殊政治关系；坚持“学党史、强信念、跟党走”，不断提高政治判断力、政治领悟力、政治执行力，做习近平新时代中国特色社会主义思想的坚定信仰者和忠实实践者。

3. 通过融媒体教学增强教学的针对性和实效性

随着虚拟现实和增强现实技术的迅速发展和大规模行业应用，信息物理社会空间实现了不断融合。虚拟现实技术是一种可以创建和体验虚拟世界的计算机仿真系统，增强现实技术是基于真实世界和虚拟世界信息内容的综合叠加，进而实现超越现实的感官体验的一种技术。信息技术在教育领域的广泛应用带来了教学环境和教学方法的转型发展，如虚拟教室、虚拟实验室、网络教学、虚拟考试等。融媒体教学就是基于信息技术发展而出现的一种新型教学模式，它以学生的参与性、适应性、接受性以及教学过程的互动性、感知性、开放性和易用性为原则，为党史教育融入高校思想政治理论课提供了技术路径和教学方法。

在具体的教学实践中，高校要积极推动思想政治课教学方式与现代信息技术的有机融合，通过移动课堂、虚拟现实体验课堂、智慧课堂等教学软件或平台让思想政治课“活”起来，拓展教学实践在网络空间的延伸，积极探索虚拟实践、网上纪念馆研学等新兴的思想政治课实践教学形式，增强高校思想政治理论课教学的趣味性和实效性。高校要加强虚拟仿真实践教学资源建设，利用虚拟现实技术开展虚拟现实教学，让学生在沉浸式、交互性、多感知性的体验教学中实现理论与实践的有机融合，通过对历史事件的情景模拟、角色扮演、交互体验等方式走进历史的真实、感知历史的浩瀚、体悟历史的价值。

4. 创新党史教育的方法

在教育方法方面，应着重在以下几个方面进行创新：

首先，党史需要灌输，就要进课堂，但这种灌输不是说教。既要说，但是又要运用比较活泼的方式，比如讲故事，选择的方式要适合00后这些青年人的特点。有些党史、重要历史是可以变成故事来讲的，这种方式会增强教育的效果。

其次，讲述党的历史要全面，要实事求是。成就要讲充分，但是我们的失误、挫折也不要回避。这样讲出来的党史才可信、才能够说服人。一定要全面、客观、实事求是地讲党的历史，正面的成就、成功的经验要讲；同时，我们经历的曲折、失误也不要回避，也要实事求是地讲清楚，使学生懂得失误和挫折是前进道路中应该付出的代价。任何时候，历史的发展都是曲折的，不可能是笔直的，没有任何成功是不付出代价的。

最后，在党史教育中要采取丰富多彩的形式和方法。除了课堂教学外，还可以采取一些学生喜闻乐见的教育形式和方法，如纪念征文、知识竞赛、演讲比赛、参观展览、歌咏会、报告会、座谈会、红色旅游、主题实践活动等，以提高党史教育的效果。

（三）高校思想政治教育与党史教育融合的路径总结

利用好建党百年的伟大历史节点，做好大学生党史教育，应把大学生党史教育作为提升思想政治工作质量的重要抓手，深入探究做好这些工作的有效路径。

1. 发挥思想政治理论课主渠道作用，把党史教育放在更加突出的地位

高校要充分发挥思想政治理论课的主渠道作用，把党史教育放在更加突出的地位。高校要把党史知识系统融入思想政治理论课，确保开展党史教育的基础性、系统性、规律性，集中体现党的思想理论，并与其他学科课程建立起相互联系，在理论层面对大学生进行党的历史观教育，引领学生树立起正确的世界观、人生观、价值观，在课堂讲授与互动中培育青年学生良好的道德情操和爱国情怀。例如“中国近现代史纲要”课是高校思想政治理论课教学体系的重要组成部分，是教育青年学生学习和感知中国近现代历史的重要课程，高校要将党史教育融入其中，以最大限度地调动学生学习党史的热情。高校既要让青年学生懂得人民解放的历史、民族独立的历史、国家富强的历史，也要让青年学生懂得中国共产党领导中国人民反抗侵略、反抗压迫的历史，使其历史思维能力不断提升，善于思考和挖掘复杂社会现象背后的历史根源，善于总结和汲取在历史过程中积累的经验教训，增强其对党的历史的深厚情感。总之，思想政治理论课是思想政治教育的主渠道，在党史教育中具有无法替代的地位和作用。

2. 架构课程思想政治体系，把党史教育统筹于各门课程

课程思想政治主要着眼于学科课程教育过程中的德育功能，在课程建设和课程实施过程中充分实现课程目标、课程内容、课程结构和课程评价等课程要素的德育价值。大学生党史教育应当贯穿于高校课程思想政治建设的环节，使党史教育蕴含的德育价值发挥出来，在潜移默化中引导学生形成正确的党史观念。课程思想政治是对所有教师的共同要求，因此，教师要自觉承担党史教育的责任，引导学生从党的伟大奋进历程中汲取正能量，将党史知识学习与思想道德认识提升紧密结合起来。要力求党史教育与高校整体教育实践互为配合、共同发展，与学校教育管理系统密切协同，充分利用社会各领域提供的教育机会，在共同发力中营造良好的党史教育氛围，收获思想政治教育成效。

3. 开展专题教育活动，把党史教育与日常教育工作相结合

专题教育活动是对思想政治课程和课程思想政治的有益补充，高校要积极探索党史专题教育的多种形式，把党史教育当作学生思想政治教育的必修课，把党

的辉煌历程、艰辛探索、优良传统传递给广大学生，深化学生对中国共产党性质、宗旨的认识，使其从百年党史中学习理论、拓展实践。各高校要把专题教育作为党史宣传教育工作的基本形式，如举办形势报告会、英模报告会、辅导报告会、座谈讨论会等，围绕既定主题加深认识和统一意见，提高大学生党史学习的实效性，增强党史教育的育人功能。党史专题教育活动要落实到日常教育工作部署上，广大党员教师要以身作则、务求实效，确保有主题、有目的、有领导，鼓励学生积极参与到专题教育活动中去，发挥榜样典型的引领作用，为主题教育活动的开展创造有利条件，从而获得良好的教育效果。

4. 开辟研学实践大课堂，把党史教育融入社会实践环节

推动全党学习历史唯物主义基本原理和方法论，更好认识国情，更好认识党和国家事业发展大势，更好认识历史发展规律，更加能动地推进各项工作。因此，只有把党史教育延伸到社会实践环节，才能更好地把党的理论和政策理解透彻，才能做到以党史经验来启迪和指导实践。在大学生党史教育中，高校要制订研学实践规划，营造更加安全、更加有利的研学环境，开展志愿者活动、生产劳动、公益活动等多种课余活动，带领学生走进党史纪念馆、博物馆、党史教育示范基地、党史文物保护单位等教育场所，为学生还原中国共产党带领人民进行革命、建设和改革的历史，以客观事实去说服人，从而全面增强实践教育的育人效果，激发学生的爱国爱党热情。要引导大学生把党史教育与社会实践要求紧密结合起来，使其了解工农群众的实际生活，增进其实践体验和感悟，用实践来检验自身对理论的认识是否正确，进一步加深其对党史知识、马克思主义理论知识的理解。

5. 形成长效机制，把党史教育贯穿学生思想政治工作全过程

高校要把党史教育各要素贯穿在学生思想政治工作的全过程，要保障党史教育在思想政治课程、课程思想政治、专题教育活动及社会实践环节的顺利实施；要提升机制运行的效率和效益，提升机制设计的科学性和可操作性，防止出现一纸空文、脱离实际、效益低下的情况。高校要注重各项举措和做法之间的耦合性、严密性、联系性和接续性，提升机制整体效应，达到内在逻辑的统一，实现环环相扣，推进党史教育机制体系实现结构合理、关系协调、运转顺畅。党史教

育长效机制建设的重点和难点在于具体工作措施的落地、落实，为此，要推进有效做法的制度化。高校要把经验上升为理论，建章立制，出台保障长效机制的各类政策文件和规章制度，确保党史教育常抓不懈，把制度内容转化为高校师生自发自觉的行动。各高校要贯彻落实好教育主管部门党史教育的各项要求，抓好组织领导，健全体制机制，加强督导落实和教育宣传，把党史教育纳入学校思想政治工作的重要日程，面向全体干部师生开展党史教育，确保新时代大学生党史教育走深、走实。

（四）促进党史教育在高校思想政治工作中的若干思考

中国特色社会主义进入新时代，巩固高校思政工作成为时代赋予我们的新的历史使命。在立德树人根本目的指导下，党史理应成为当下高校思想政治理论课系统开展的底色和支柱。总的来看，学界对高校思想政治工作中党史教育的重要性已有充分的认识和较为扎实的论证，但是对于如何具体落实党史教育的实践基础还比较薄弱。产生这一问题的重要原因是我们对党史教育的整体研究不足，对党史资源的开发不足，对红色文化资源的转化不足。传统党史研究和当下高校思想政治理论课的现实需求之间存在明显疏离。解决这一问题的关键，一方面是构筑党史教育与研究的扎实基础，使党史教育建立在扎实、丰富的党史资料的基础之上；另一方面要在高校立德树人的整体视域下，依据教学与研究需要提升党史文献的思想政治价值，重塑和提炼党史、国史发展的内在逻辑，增强党史研究对中国近代以来革命、建设、改革的解释力，进一步从整体上构建中国特色发展道路解释框架，加强中国特色理论话语体系建设。在高校思想政治工作体系中进一步发挥党史教育的积极作用，应着力做好以下几个方面的工作：

首先，重视党史文献搜集、整理工作。一方面为党史教育奠定现实基础，另一方面为高校思想政治理论课发挥主渠道作用提供历史依据。贯彻党中央“思想政治理论课要坚持在改进中加强”的指导精神，融神铸魂，党史是最好的教科书。

其次，加强党史教育的针对性。基于档案文献的党史教育是应对历史虚无主义等各种错误思潮的必要举措。党史研究具有实证精神，这使高校思想政治工作有理有据、有血有肉，有情怀、有温度，使青年学生从情感上深刻认同国家、民族、政权、制度，坚定“四个自信”，进一步推进青年学生对“从哪里来，在干什么，往哪里去”的深度思考。只有在历史发展长河中明确知道“自己是谁”，才能不忘初心，牢记使命，砥砺前行。

再次，从学科发展的角度来看，新时代高校立德树人的根本任务要求党史教育要提高到新的水平，进入新的发展阶段，承担新的历史使命。适应新时代思想政治工作的总体要求，强化高校思想政治理论课主渠道作用，加强党史文化教育主阵地建设，探寻高校党史文化传播和价值引领的路径，成为高校思想政治工作的应有之义。党史文献与红色文化资源的挖掘与转化，是重塑和提炼党和国家发展的历史规律，是增强党史研究对中国近代以来革命、建设、改革的解释力的重要前提。

最后，重视理论框架与话语体系的构建。党史研究与党史文献的基础工作为构建中国特色话语体系提供了历史依据。思想政治工作框架指引下的党史研究，为探讨近现代中国革命、建设、改革特殊发展规律，构建中国特色社会主义发展道路解释框架，加强中国特色社会主义理论话语体系建设提供了基本的历史遵循，也为更好地树立“四个自信”，讲好中国故事，提高中国国际话语权，提高中国国际核心竞争力提供了支撑，为世界发展贡献了中国智慧、提供了中国方案。

第二节　思想政治教育与心理健康教育融合

一、思想政治教育与心理健康教育的关系

（一）大学生心理健康的意义

随着经济全球化、政治多极化和文化多元化时代的到来，以及国内改革开放的不断深入，我国社会生活的各个领域迎来了更加激烈的竞争和挑战。在高等教育走向大众化的今天，大学校园已不再是封闭的“象牙塔”。大学生在校期间面临着环境适应、学习适应、人际交往、就业选择等各方面的心理压力和冲突。这

些问题如果处理不当，就会导致大学生心理健康问题的产生。因此，在新的形势下，我们必须重新思考和审视心理健康和心理健康教育对大学生的意义。

1. 心理健康是大学生全面发展和成才的重要基础

大学教育就是要培养全面发展的高素质人才。心理素质不仅是个体素质的重要组成部分，更是影响其他素质形成和发展的重要因素。心理健康对大学生的成长成才有着极为重要的影响。只有心理健康、心理素质好的人，才能承担繁重的学习任务，承担较高的社会期望和社会责任，才能对社会、对环境、对自己和他人形成正确的认知；才能与他人建立良好的人际关系，充分发挥自己的潜能，形成良好的道德品质，适应社会，成为全面发展的人才。如果一个大学生心理不够健康，经常处于焦虑、抑郁、孤僻、自卑、暴躁、怨恨、猜忌等不良的心理状态之中，其便不可能在学习、生活和工作中充分发挥自己的才能，成为全面发展的合格人才。

2. 心理健康是时代对大学生的要求

当今世界综合国力的竞争，实质上是科学技术的竞争，归根结底是人才的竞争。科技的发展、经济的振兴，乃至整个社会的进步都取决于人才素质的提高。大学生作为正在接受高等教育的青年群体，是国家未来的栋梁之材，既代表着先进青年的精神风貌，更预示着国家和民族的未来，他们的心理健康状况具有特别重要的意义。

一方面，大学阶段是一个人世界观、人生观和价值观形成的重要时期，健康的心理是大学生接受思想政治教育和学习科学文化知识的前提和基础，是大学生正常学习、交往、生活和发展的基本保证。

另一方面，现代社会的竞争已不单纯是体力和知识的竞争，更重要的是心理素质和人格的较量。国内外教育专家在讨论 21 世纪人才应当具备的素质时，所提出的素质要求很多方面都属于心理素质范畴，如开拓创新意识、独立自主精神、较强的社会适应能力、高度的责任感、良好的自信心、崇高的人格、对科学和真理的执着追求、善于学习、具有合作精神等。

因此，大学生的心理健康不仅关系到大学生个人的全面发展和成才，更关系到民族素质的提高与国家的未来。具备良好的心理素质和健康的心理，是时代对大学生的基本要求。

（二）影响我国大学生心理健康的因素

大学生心理健康问题的形成非一日之寒，而是在各种内外因素的共同作用下长期累积的结果。因此，我们有必要全面探讨在大学生成长过程中，特别是早期，影响其心理健康的各种因素。

1. 生物因素

遗传是个体心理发展的生物学基础，没有这样的基础，或者在遗传上有严重的缺陷，都会对个体心理发展造成不可弥补的或者极为严重的不良影响。人们通过大量的家谱研究和双生子研究发现；遗传因素对学生心理健康有着重要的影响。学生某些心理健康问题与某些遗传因素有着不可否认的联系，有些心理疾病存在明显的家族性倾向。

神经系统的生化因素是影响心理健康的重要因素。研究发现，精神病患者脑组织、血液或尿中含有的一些化学物质，如果注入健康人体内，便会产生相应的精神症状。不同的神经递质对人的精神状态和精神疾病会产生不同的影响，如过多的肾上腺素能转化为一种致幻剂，影响神经传递，进而引起狂躁型精神病症状；一些精神分裂症状则与多巴胺过多有关。

同时，大量研究也表明，母亲在孕期的营养、情绪及身体健康状况不佳，分娩过程异常，一些生理疾病、外伤及中毒、微量元素缺乏，神经内分泌系统异常等生理因素，都可能对子女的健康造成不利影响。

2. 家庭因素

大量研究均表明，个体的早期经验对其一生的心理健康具有重要的影响。大凡成人所表现出来的各种心理问题，或多或少总带有其童年的体验和遭遇的痕迹。早期所经受的较大的挫折或创伤，可能会压抑在个体的潜意识中，在以后会以各种形式表现出来，形成个体的心理障碍。而个体早期的生活环境主要是家庭，家庭结构和生活氛围、父母教养方式、家庭经济状况等均对子女心理发展和心理健康具有重要影响。

（1）家庭结构和生活氛围的影响

家庭结构对儿童的心理健康有很大的影响。完整的家庭对子女的心理发展有良好的影响。父母对子女的带有差异性的教育是一种天然的和谐，是一种相互取长补短的巧妙配合。而不完整家庭则对子女的心理健康具有十分不利的影响。所谓不完整家庭是指双亲的一方或双方死亡、离婚等家庭。在这样的家庭中，由于性别残缺，缺少父爱或母爱，而且父母对子女的作用不相同，两者不能互相代替，因此易使个体心理发展，特别是个性、情绪上出现缺陷或障碍，如孤僻、冷漠、粗暴、焦虑、敌意、忧郁、退缩等。

家庭中的生活氛围也对儿童的心理健康有直接的影响。儿童生活在家中，时刻感受和体验着家庭的生活氛围。如果家庭各成员之间互相尊重、互相爱护、坦诚、谅解、和气和忍让，家庭中形成一种和谐、温暖的人际关系和积极向上、轻松、欢乐的生活氛围，则非常有利于个体情绪稳定和良好性格的形成，有利于其心理健康。相反，如果家庭成员之间充满敌意和猜疑，父母经常吵架，则会导致个体焦虑不安和缺乏安全感，不利于其心理健康。

（2）父母教养方式的影响

一般来说，父母对子女的教养方式主要有三种：专制式、溺爱式和民主式。在专制式的教养方式下，子女的意见和愿望得不到表达，他们很少得到尊重和温暖，其行为常会受到斥责和禁止，容易形成畏惧、缺乏安全感、缺乏自信、富有攻击性等性格，会严重抑制其心理的发展，影响他们对社会的适应。

在溺爱式的教养方式下，子女得到过度的保护，得不到应有的锻炼，不承担应有的责任。同时，无原则地迁就，使子女成为家庭的主宰，他们容易变得任性、自私、忌妒，并且自理能力差，缺乏应变能力和正确的自我观念，一旦欲望得不到满足，就容易发生攻击行为，不易适应学校和社会中的人际关系。

在民主式的教养方式下，子女既得到尊重和保护，又受到良好的教育。家长对子女起到指导性的作用，既满足他们的正当需要，又对其不正当的要求和言行给予及时说服教育和帮助。在这种方式下，子女懂得关心人、尊重人、同情人，形成积极乐观和开朗的性格，能较好地适应社会和学校生活。

由此可以看出，民主式的教养方式有利于子女的心理健康，而专制式和溺爱式的教养方式则不利于儿童的心理健康。但是近年来，由于人们生活水平的提高，大多数的家庭对子女的教养模式是：在物质上尽可能满足子女的要求，甚至百般迁就，而在学习上对子女期望过高，要求过严。前者造成子女的独立性差，心理承受能力低下，难以应对挫折；而后者又使他们面临重重挫折，经受很大的心理压力。这样，子女的内心充满了矛盾和冲突，心理处于失衡状态且难以自拔，最后导致心理障碍的出现。

（3）家庭经济状况

从目前各高校的状况来看，学生的家庭经济状况，特别是家庭经济长期严重困难，会极大地影响大学生的心理健康。社会上的贫富不均在高校也明显体现出来。一些学生高消费，而一些学生却没钱交学费，甚至连维持日常生活都困难。这种巨大的落差会使许多家庭经济困难的学生产生强烈的自卑感。他们希望得到帮助，但是又不愿意让别人知道自己的困境，以免被人指指点点；他们想参加各种班级、社团活动，但是经济条件又不允许等。他们内心存在严重的心理矛盾和困惑，由此造成各种烦恼抑郁、交往退缩等。此外，家庭中发生的重大事件等都会对学生的心理健康产生重大影响。

3. 学校因素

在大学生的成长过程中，学校教育对其心理发展和心理健康的影响很大。主要有以下几个因素：

（1）教师管理方式、期待的影响

与家庭的教养方式类似，教师的管理方式可以分为民主式、专制式和放任式。显然，民主式的管理方式最有利于学生的心理健康，而专制式、放任式的管理方式均不利于学生的心理健康。教师对学生的态度和期待也会对其心理健康产生影响。如果教师对学生有良好的、积极的期待，即使不用言语明确表达出来，学生也会不知不觉地感受到这些信息，并朝着教师所期待的方向健康发展。相反，如果教师对学生抱有消极的或失望、悲观的看法，就会导致学生消极心态的出现，从而影响其心理的健康发展。

（2）学习压力的作用

我国目前虽然正在大力推行素质教育，提倡给学生减负，但是应试教育的影响依然不可忽视。学校追求升学率，教师力求高分，家长望子成龙、望女成凤，在这种情形之下，学生的学习压力可想而知。虽说现在高校扩招，上大学的比例大大提高了，但是学生的学习压力丝毫未减。

中等的压力，会使学生产生中等程度的紧张，易于注意力集中，调动积极性，有利于学习；但是过重的压力，会造成学生的焦虑不安等，长期处于这样的状态下，学生可能会出现心理问题。在目前的教育体制下，无论是差生还是优生，均感压力重重。最近几年，由于学习压力过大而患上考试焦虑症的学生呈逐年增加之势。

（3）学校中人际关系的作用

学校中的人际关系是影响学生心理健康的重要因素。这是因为任何人都不能离开他人而生活，人有归属感和交往的需要。人际关系良好与否，会直接影响学生的心理健康，或者说人际关系本身就是心理是否健康的重要标志之一。一个有良好的师生关系和同学关系，在班集体中得到肯定、尊重、温暖、平等对待的学生，会产生安全感，必然有利于其心理的健康发展。相反，一个缺乏良好师生关系，在群体中遭到否定、排斥并感到孤独的学生，会产生敌意、自卑、退缩或攻击性，从而不利于其心理的健康发展。

此外，校风、学校的管理制度、教育方法与奖惩措施等都会影响学生的心理健康。

4. 社会因素

人总是生活在一定的社会环境之中，社会文化背景、政治经济状况、社区环境、社会风气、风俗习惯及重大的社会事件等，都会对大学生的心理健康产生影响。近年来，人类在社会经济、政治、文化和科技等领域取得了巨大的进步，人们的生活得到了很大的改善，但是也充满着竞争，人们的生活节奏加快了，生活的压力变大了，这导致人类心理疾病的发生率不仅没有降低，反而呈不断升高之势。下面我们着重讨论两个与大学生心理健康有直接关系的社会因素，即就业问题与网络问题。

（1）就业问题

职业是人生命中的重要组成部分，它决定着一个人的收入、生活水平、社会地位、个人的价值和生活的满足与否。而一个人在事业上的成功与否，关键在于其是否能在所选择的工作中发展自我和实现自我价值，享受其所选定的生活方式。因此，对大学生来说，就业问题非常重要。

近年来，我国大学生的就业分配制度发生了重大的变化，由过去“统包统分”的就业模式向“供需见面、双向选择、自主择业”的模式发展。同时，由于国家经济政策的调整，大学生的就业形势变得十分严峻，许多地区，特别是欠发达地区，出现了大学毕业生就业十分困难的局面。在这种形势之下，许多大学生没有转变自己的择业观念和降低职业期待，对自己的个性、能力、兴趣等缺乏正确的了解，也缺乏求职的经验和面试技巧等，这更加大了其就业的困难。上大学时的“风光”和毕业时的失落、无奈形成了强烈的反差，这使许多大学生出现了心理的失衡，进而导致心理疾病的产生。

（2）网络问题

互联网与其他科学技术一样，也是一把双刃剑。它既有助于大学生开阔视野，给他们带来机遇，同时也给大学生造成了许多不容忽视的消极影响，特别是在心理健康方面。

首先，互联网对大学生的人际交往有重大影响。网上的人际交往不是面对面的直接交往，而是符号化的间接交往。应该说，在网络交流过程中，大学生会感到更轻松、更自在。在虚拟化的社交环境中，大学生不用担心、掩饰自己的缺陷，可以通过网络塑造自己的新形象，展现自我，满足许多现实中不可能满足的愿望。但是这种交往方式在物理空间上隔绝和孤立了交流主体，丧失了现实交往所固有的丰富的人情表达和密切的人伦关系，导致人际关系数字化、非伦理化、非人性化，使人际关系能力下降。学生一旦离开网络，置身于现实社会中，面对现实中的人际交往时，其就会出现人际交往的障碍。

其次，网络也会给大学生的人格发展带来影响。网络上承载和传播的信息鱼龙混杂、良莠不齐。这既为大学生带来新的观念和信息，有利于大学生形成开放的心态，也给正处于世界观、人生观和价值观形成阶段的大学生带来很大的冲击，使其丧失对本民族文化传统和价值观的认同、信任，造成大学生思想意识上的混乱和迷失，甚至可能还会严重扭曲其人格。

（三）心理健康教育概述

1. 心理健康的概念

所谓心理健康，是指在身体、智能以及情感上与他人的心理健康不相矛盾的范围之内，将个人的心境发展成最佳的状态。正确理解心理健康的含义要注意以下三点：

（1）心理健康是多方面健康的统合体

心理健康包括健康的身体、正常的职能以及良好的情绪状态，缺失任何一方面，都不能说达到心理健康。同时，这三者之间的关系也是相互影响、相互依存的，是一个相互作用的统一的整体。

（2）自身心理健康状态不能与他人的健康相矛盾

自身心理健康不能以损害他人的健康作为成就自己的前提。心理健康的目标是追求一种自身与他人和谐共处的双赢状态。

（3）心理健康是指个体所能达到的最佳状态，而并非完美的境界

心理是否健康基于自身的条件，以自身作为参照系，同时，不可苛求完美，否则将与健康之路背道而驰。

2. 大学生心理健康教育的内容

心理健康不仅关系到大学生的生活、学习、成长、幸福，也关系到社会的发展、民族的兴衰。

除了应向大学生普及心理学知识外，更重要的是应针对当代大学生存在的主要心理困惑和问题，在全体大学生中开展以下专题的心理健康教育。

（1）认知发展教育

认知发展教育是使大学生了解认知发展的规律、特点及自身认知发展水平，然后通过常规或特殊训练，帮助大学生挖掘和认识自身不良的认知，并学会对认知进行调整。比如认知教育的一个重要内容是进行学习指导，通过指导使大学生迅速适应高校学习，掌握有效的学习方法，养成良好的学习习惯，形成独立思考的能力，具备积极的探索精神，并会自觉调节自己的学习心理和学习行为，提高学习效率。

（2）情绪稳定教育

情绪稳定教育是使大学生了解人情绪的正常值及自身情绪变化的特点，学会运用有效手段，科学调控自己的情绪，使自己经常保持良好的心境和乐观的情绪，获得适度的情绪反应能力和抗干扰能力，避免情绪的大起大落、两极波动，避免心理失衡。情绪是引发大学生心理问题的主要因素，大学生生活中发生的各

种各样的过激行为，很多都是因为不良情绪失控引起的。

（3）意志力优化教育

意志力优化教育是使大学生充分了解意志在成才中的作用和自身意志品质的弱点，协助大学生提高调节自我、克服困难的主观能动性，学会调节激情，应对挫折刺激，增强心理承受能力，克服内部困难，提高意志行为水平，不为偶发诱因所驱使，从而形成自觉、果断、坚持、自制的优良品质。

（4）个性健全教育

个性健全教育是使大学生了解健康人格的标准及培养途径，在客观、准确地认识自我、评价自我的基础上，学会修身养性，增强自我教育能力，纠正不良个性，并通过有意识的训练形成开朗、活泼，具有同情心和正义感的完善人格。个性健全教育要做到面向全体学生的发展性教育和对个别学生的矫正性指导性相结合教育，使每一个学生的人格都得到健全发展。

（5）人际和谐教育

人际和谐教育是在帮助大学生把握人际关系基本知识和人际交往特点规律的基础上，让学生通过训练掌握一定的人际交往技能技巧和人际交往艺术，学会在群体中与人和睦相处，与老师、同学、家长、朋友、异性等保持融洽的人际关系，懂得尊重他人，悦纳他人，也悦纳自己，善于在群体中发挥自己的才干，达到高水平的自我实现。

（6）积极适应教育

积极适应教育是使大学生积极适应自身、环境、社会的各种变化，学会调节自己学习、生活中的各种烦恼，通过有意识的训练掌握排解心理困扰、减轻心理压力的方法，保持心理和谐健康。

大学生心理适应涉及学校环境、学习、生活、交往、恋爱、自我心理认识以及发展、竞争、择业等许多方面的内容，大学生除了依靠自身努力增强社会适应能力和心理承受能力，主动进行自我调节和心理适应外，还有赖于心理健康教育帮助其提高心理适应水平。

（7）挫折教育

挫折是导致心理障碍的原因之一。挫折承受力差的人在面对某些事件时可能会产生不理智的反应，如攻击行为、自毁行为等。对大学生进行挫折教育，主要是让他们了解挫折对人的辩证的影响及挫折产生的原因，懂得人是在战胜自己的挫折中成长的，懂得逆境成才的道理，知道受到挫折后应理智地去找出解决办法，在挫折的自我教育中培养耐受力，积累生活经验，锻炼出坚韧不拔的毅力和不屈不挠的意志。

3. 大学生心理健康教育的原则

(1) 发展性原则

发展性原则是指在学校心理健康教育工作中，教师要注意以发展变化的观点来看待学生身上出现的问题，不仅在对问题的分析和本质的把握中善于用发展的眼光做动态考察，而且在对问题的解决和教育效果的预测上也具有发展的观点。

发展性原则有两层含义：一是在心理健康教育过程中，教育者必须以发展的观点来看待大学生的心理；二是心理健康教育活动必须立足于促进人的心理发展这一理念，以发展为出发点，而不仅限于心理健康的要求。

就发展性原则的第一层含义来看，是要对一切受教育对象的心理发展都持乐观态度。在心理健康教育中，切忌对人的心理持形而上的僵化的看法。只有以发展的观点来看待心理教育对象，心理健康教育才有意义，这也是心理健康教育的意义所在。

就发展性原则的第二层含义来看，是要全面地、正确地理解心理健康教育的目标。心理健康教育包括三部分的内容，分别为培养良好的心理素质、预防与矫治心理疾病、开发心理潜能，而以人的心理潜能的充分发挥为其最终归宿。这里需要说明的是，即使是心理健康者，其心理品质也有高低之分，因此，唯有发展才是心理健康教育之最高目的。

(2) 可操作性原则

这是指我们确定的心理健康教育目标和内容不能含糊不清和过于抽象，应该是明确而具体的，是可以观察和测量的行为特征？如我们在具体实施心理健康教育中不能把“培养良好的个性”作为目标和内容，而应把“良好的个性”这一抽象概念具体化为各种人格特征或人格变量，如合作性、自制力、责任心等。这些人格变量都是可以观察、测量和评估的，并且是可以通过一定的教育手段和方法加以培养和改变的。

(3) 超前的社会适应性原则

今天在校的大学生是我国未来的栋梁。因此，根据未来社会发展需要，我们应选择那些有助于学生适应未来社会的心理素质作为心理健康教育的目标与内容，如创造力、竞争与合作、自主自立等。

(4) 主体性原则

在实施心理健康教育的过程中，我们要认识到学生的主体地位，以学生为出发点。要创造条件，使学生成为活动的主角，并让学生意识到这一点。要看到学生的潜力和人格中积极的一面，给学生以充分的理解和信任，调动学生的主动性、积极性和创造性，保证每个学生都有机会自我培养和自我教育，以便更有效地发展和提高其心理素质。

(5) 民主性原则

民主性原则与主体性原则是相辅相成的。民主性原则的基本含义是，心理健康教育应在民主型师生关系中进行。在活动中，师生是平等的，享有同样的人格尊严，享有同样的表达自己思想情感的权利。因此，教师应避免说教，要以平等的讨论和沟通方式代之；要重视学生的意见，并最大限度地表示理解；要尊重学生的人格，不能侮辱、讽刺、挖苦或嘲弄学生。

(6) 因材施教原则

既要面向全体学生，又要针对学生的不同特点（如年龄、性别、表现等）因材施教。只有这样，心理教育才能取得理想的效果，才能全面而有效地发展与提高全体学生的心理素质。

4. 心理健康教育的目标

心理健康教育的总体目标是培养和提高学生的心理素质，维护学生的心理健康。具体来说包括三个层次：具体目标、中间目标和终极目标。

具体目标是根据大学生不同年级的特点、发展任务和需要，通过各种途径对学生的各种具体的心理素质因素进行培养、训练和塑造，同时通过各种途径帮助大学生，使他们减少和避免各种可能遇到的危及心理健康的伤害和消极影响。

中间目标是进一步通过各种途径和方法，促进大学生各种心理素质的发展与提高，使各种心理素质因素协调发展，提高大学生整体心理素质，提高他们的心理健康水平。

终极目标是在良好的心理素质基础上，使大学生达到自我实现，促进大学生全面、和谐而健康的发展。

（四）心理健康教育与思想政治教育的同一性

1. 教育总体目标的一致性

心理健康教育的根本目的是培养健全的人格，悦纳自我，保持良好心境，能保持良好的社会适应能力，并促进个性的全面发展和自我实现。而思想政治教育的根本目的也是促进个人的自由全面发展。高校思想政治教育通过一系列的讲座、道德模范宣讲会、社会实践活动，引导、感化学生，以影响学生的思想和行为，使其树立积极的世界观、人生观、价值观等。心理健康教育是运用心理学原理培养学生的心理品质，完整其人格，提高其心理适应能力、情绪管理能力、人际交往能力等，使学生能够获得全面的发展。心理健康教育与思想政治教育都是一项育人的工程，虽然处理问题的方式方法不同，但都是为了培养综合素质强的具有完整人格的人才。

2. 教育内容的同一性

心理健康教育作为德育工作的重要组成部分，是素质教育的基础性工程，是高校思想政治教育任务、目标和内容的合理扩展和延伸，维护大学生的心理健康，培养健全人格，以提高高校思想政治教育工作的实效性。

心理健康教育是维护心理健康和培养心理素质，通过教育这种方式提高个体的心理健康，侧重于心理层面，如交往障碍、认知偏差、情绪障碍等；思想政治教育一般侧重于学生的思想层面，注重学生“三观”的培养，目的是提高学生的思想政治觉悟和道德行为水平。但在实际工作中，一方面只有对学生实施心理健康教育，才能顺利地对其进行思想政治教育，为教师有针对性地进行思想政治教育提供心理条件，利于提高思想政治教育的科学性，如纠正心理认知偏差、重视情感因素形成良好的思想政治教育环境、运用心理辅导与咨询改善学生个性的发展。要让学生加强自我意识，悦纳自己。只有让学生充分认识他自己，他才能与人和社会产生良性互动，形成亲社会行为。而另一方面，思想政治教育为心理健康教育提供世界观和方法论的指导。对学生开展世界观、人生观、价值观教育有助于增强学生的社会责任意识，培养其拼搏向上的个性品质，从而使其可以以坚强的信念和顽强的毅力自觉调节自己心理状态、自觉塑造完整自我人格。

3. 在育人工作中互为条件和前提

心理是思想的基础，是人的头脑反映客观世界的过程，包括知、情、意、行，居于人的精神世界的表层次。思想属于客观存在，反映在人的意识中，是经过思维活动而产生的结果，居于人的精神世界的深层次。思想的形成及变化受制于心理的状态及变化。一方面，在思想政治教育内容中，心理健康教育是基础，也是增强思想政治教育实效性的有效手段，坚持发展性和系统性的原则开展心理健康辅导和咨询活动，有助于学生道德品质的形成和发展；而心理活动的开展又受思想的引导，学生树立正确的世界观、人生观、价值观，必须对自己有正确的认识和评价。只有学会科学的情绪调控方法，掌握人际交往的原则和方法，具有积极向上的心理，具有战胜挫折的坚强意志，学生才能形成良好的思想品德。

另一方面，思想政治教育在一定程度上是大学生心理活动水平的控制器和调节器。思想政治教育为心理健康教育提供方向上的指导，思想道德水平高的人坚持与人为善的原则，往往人际关系融洽，特别是能做到宁静致远、淡泊名利，恰当处理人与社会的关系，这样才会拥有较强的社会适应能力。

4. 教育对象的同一性

大学生思想政治教育与心理健康教育都以人为研究对象，都是为提高人的整体素质而服务的。思想政治教育是从总体上、从社会生活的各个方面去研究人、了解人；心理健康教育是从人的心理活动的一般规律和生理机制方面去研究人、解剖人。

（五）心理健康教育与思想政治教育的差异性

1. 理论基础不同

大学生思想政治教育是帮助大学生树立科学的世界观、人生观和价值观，逐步提高其思想政治素质的一种活动。它的出发点是社会需要，主要从社会关系的层面上提高大学生的思想政治素质，具有鲜明的阶级性。而心理健康教育是心理教育工作者运用心理学原理以及心理咨询理论和技术等对大学生施加一定的影响，帮助他们化解心理矛盾、减少心理冲突、缓解心理压力、完善人格、提高心理素质和生活质量的活动。它的出发点是人本需要，侧重于从个人发展的层面上提高大学生的心理素质，一般保持价值中立。

2. 目标定位不同

大学生思想政治教育的重点在于通过对大学生进行马克思主义世界观和方法论的教育，按社会和国家的要求来规范学生的行为，帮助大学生解决社会倾向问题，使大学生树立起共产主义的世界观、人生观和价值观，逐步提高其思想政治道德素质。相对而言，心理健康教育的目标属于基础层次的目标，它要求大学生以一种平和的心态处理与周围环境的关系，即不焦虑、不紧张，内心没有强烈的矛盾冲突等。

3. 教育内容不同

大学生思想政治教育的内容具有鲜明的时代性，在不同的历史时期强调不同的内容，大致可以分为政治教育、思想教育和道德教育三个方面，旨在使大学生辨别是非、善恶、美丑，追求高尚的思想与品行。心理健康教育主要是对大学生进行学习生活、人际关系、职业选择、心理障碍、行为异常等多方面的指导和教育，主要偏重于使大学生认识自我，培养其良好的自我意识，强化其自知、自尊、自信、自助及自控能力。

4. 教育方法不同

大学生思想政治教育重视自上而下的教导和灌输，以理论教育和宣传为主，其目标需要通过外界力量的引导来实现，主要采取正面教育、榜样示范、批评表扬、实际锻炼等方法。而心理健康教育是一种平等的讨论问题的过程，教师以辅导者的身份、非指导性的态度去面对大学生，主要采用心理训练、心理测量、心理咨询等方法，反对强制灌输。

总之，大学生思想政治教育和心理建康教育作为大学生素质教育系统中的组成部分，二者各成体系，有明显的区别，但也有着内在的联系。当前，在高校思想政治教育和心理建康教育工作上，必须了解思想政治教育和心理健康教育的关系，探索二者的结合机制，这不仅有利于思想政治工作由经验型走向科学型，更有利于提升大学生的心理健康水平，促进大学生素质的全面发展。

二、高校思想政治教育与心理健康教育融合的必要性

（一）心理教育在高校思想政治教育中发挥积极作用

1. 心理教育可以提升思想政治教育的情感共融性

思想政治教育既包括思想教育的政治内容，也包括政治教育的思想内容，前者带有鲜明的国家意志性，是价值的方向保证；后者则主要围绕思想、道德和行为规范等方面的内容对学生进行价值引导。因其明确的政治任务，思想政治教育往往注重“思想统领”而忽略“心理疏导”，多强调“以理服人”而弱化“以情感人”，这容易给学生造成“价值干预”而非“价值引导”的错觉，使高校思想政治教育存在情感共融性不强的问题。

心理教育具有得天独厚的情感共融性优势，它以人文关怀和心理疏导为切入点，强调教师与学生平等、开放的交流互动。心理教育强调关注教育对象的普遍性与特殊性，既研究大学生心理发展的群体特征，探索和把握大学生这一青年群体的成长规律，又将每一名大学生作为一个完整、丰富和全面的人，关注他们的思想和情感，接纳他们的优点和不足，尊重学生个性特点，并根据大学生心理发展的不同阶段对不同学生群体进行有针对性的心理教育。比如对大学新生开展适应性教育，对毕业生提供就业指导服务，对存在人际交往困惑的学生进行人际关系技巧提升教育，对有情绪困扰的学生进行情绪管理辅导，等等。

2. 心理教育可以调动高校思想政治教育的自觉性和主动性

心理教育者身兼“心理性”和“教育性”双重使命：既要关注大学生存在的实际困难和心理需求，培养大学生良好的心理素质和健全人格，引导大学生充分发挥个人潜能并推动其健康成长；又要将主流价值观潜移默化地渗透给大学生，启发学生领悟与超越，以增强其自觉性和自主性，使受教育者自觉主动地进行自我教育和管理，最终达到“助人自助”的教育效果。思想政治教育的内容主要是正面、显性的内容，方法也以灌输的方式为主，带有一定的强制性，容易引起学生的心理阻抗；而心理教育作为一种无形教育，可以不断柔化教育者和被教育者之间的对立力量，增强思想政治教育潜移默化的渗透力。与传统思想政治教

育的推动力相比，心理教育则表现为一种吸引力，能充分提高学生的自我教育和管理能力，使其自觉主动地接受教育。心理教育的加盟，不仅中和了思想政治教育中“一言堂”的生硬古板，更焕发了高校思想政治教育的活力和生机。

3. 心理教育可以增强高校思想政治教育的感召力和实效性

感召力和实效性不强是目前高校思想政治教育内容存在的现实问题。思想政治教育做的是人的工作，是一个与时俱进的理论体系。

首先，思想政治教育要具有前瞻性。高校思想政治教育要掌握大学生的真实愿望和需求，准确了解大学生的思想特点和心理动态，进而把握他们的行为发展规律，因此，高校思想政治教育首先应该具有前瞻性。

其次，思想政治教育要具有时代性。新时期大学生的成长环境发生了重大变化，这是一个需要“心理”呼唤“心理”的时代，他们更注重个性发展，追求自由、尊重和平等，因此思想政治教育必须关注青年对时代的心理诉求，在传统的教育理念、内容和方法上不断创新，才能跟上新一代大学生的发展步伐。

最后，思想政治教育要具有生命力。只有从心灵层面激发学生的精神动力和思想活力，才能使思想政治教育更具启迪力、吸引力和感染力，进而实现精神认同向行为认同的转化，达到“内化于心、外化于行”的目的。

（二）心理教育与思想政治教育存在互补关系

1. 教育内容与方式的互补

心理教育着重塑造学生的心灵、调整学生的心态，这为思想政治教育打下了基础，而一个思想品德高尚的人也更容易达到自我的和谐，实现更好的发展。两种教育从内容上可以相互促进、互相影响。思想政治教育接受活动许多是在“他律”的情况下进行的，学生被动地接受教育。心理教育注重体验，从个人成长与发展入手，更容易将被动接受转化为主动接受，这为高校传统思想政治教育提供了新的思路。此外，思想政治教育注重社会实践的教育方式也给心理教育以启示。

2. 教育职能的前后相继

心理教育解决的是人的心理问题。一个能够实现自我整合的人才能拥有开放积极的心理状态，更好地接纳他人、接纳世界，达到与社会的和谐，所以，从某种程度上来讲，心理教育是思想政治教育的前期准备，而思想政治教育最终能让学生的思想得以升华、道德素质得以提高。两者前后相继，彼此衔接，相互影响。

三、高校思想政治教育与心理健康教育融合的途径

（一）教育队伍融合

我国高校心理健康教育是在思想政治教育的保障下形成的具有中国特色的心理健康教育，兼有“心理健康教育”和“思想政治教育”的双重使命。国内高校大学生心理健康教育机构绝大多数隶属学生处，只有少数高校隶属团委或直接设置在思想政治理论课教研部或马克思主义学院。也就是说，心理健康教育工作者在身份的划分上，要么划入大学生思想政治教育的学工队伍，要么划入大学生思想政治教育的教师队伍。

心理健康教育与思想政治教育的价值融合，首先是心理健康教育队伍与思想政治教育队伍的充分融合。一方面，高校要鼓励辅导员、班主任或具有学生工作经验的思想政治教育人员向大学生心理健康教育专家型人才转型，鼓励思想政治教育工作者参加心理学的系统培训，从而使心理健康教育更加专业化、规范化，并推动高校思想政治教育队伍的职业成长。另一方面，心理健康教育者必须系统学习思想政治教育理论，不断强化自己的思想意识和政治意识；灵活运用心理健康教育的手段和方法优化思想政治教育教学，在心理健康教育的过程中渗透思想政治教育的理念和内容，引领与疏导相融，推进高校思想政治教育与心理健康教育无缝对接；积极探索符合我国社会发展和大学生成长的“以心育德、以德促心”思想政治教育模式，使其充满生命力。

（二）教育阵地融合

思想政治理论课作为思想政治教育的主阵地，主要以讲授理论知识为主，因此被很多大学生当作枯燥的学分课，教学的效果也不尽如人意。国内高校大学生的心理健康教育课也不容乐观，大多数高校以选修课的形式开设心理健康教育

课，心理健康教育也侧重心理健康知识的普及、心理问题的预防等，尚未形成完善的心理健康教育体系，教育的内容和授课范围存在很多盲区。心理健康教育课程与思想政治教育课程各自独立，交叉研究很少，未能形成一股合力，显然不能满足新时期高校思想政治教育的要求。

将心理健康教育纳入思想政治教育的课程教学中，开展“以心育德、以德促心”的综合教学是新时期高校思想政治教育的重要探索。在课堂教学中，二者各司其职，心理健康教育要承担起对大学生心理素质的培养责任，使大学生系统地学习心理学知识，形成健康的心理素质、掌握必要的心理调适技能，促进大学生人格的发展和完善，从而为思想政治教育的顺利开展奠定基础，并与其一起形成协同效应。思想政治教育者要根据大学生的心理特点，把握大学生的政治行为、思想行为和道德行为的发展规律，改变传统的说教方式，运用心理学倾听和共情等技术，立足于激发学生的热情和思考，以情感人，与学生平等交流，从而使课堂真正灵动起来，最终将思想政治理论课建设成为启迪思想、感化心灵的“招牌课”。

除了主阵地之外，高校还要与时俱进，积极拓展其他阵地，如加强网络阵地建设，依托微博、微信、QQ、易班等新媒体平台，形成微媒体矩阵，用符合学生兴趣和心理特点的方式传播信息，创立创新大学生思想政治与心理结合的“指尖”教育；加强校园阵地建设，依托校园宣传活动开展心理培训、举办心理讲座等，从而丰富“以心育德、以德促心”的思想政治教育载体；加强宿舍阵地建设，推动宿舍心理辅导站与辅导员工作站建设，并使其覆盖思想政治教育的盲区和死角。

（三）教育内容融合

心理健康教育与思想政治教育的内容既有联系又有区别，心理健康教育在普及、预防的基础上重在分类指导，而思想政治教育则注重在马克思主义理论体系指导下的整体设计。充分发挥心理健康教育蕴含的巨大价值，实现心理健康教育与思想政治教育教育内容的深度融合是必然途径。

心理健康教育的内容要以马克思主义哲学观为指导，立足当代中国大学生的心理需求，建设具有中国元素、中国风格和中国特色的心理健康教育课程体系，倡导挖掘人的潜力、发挥人的主观能动性，激发大学生的生命力和创造力，最终引导学生形成科学的社会主义核心价值观。思想政治教育的内容也不能仅限于专业知识，还应贴近学生的生活，贴近学生的实际。教师应吸纳心理学关于理想信念教育、动机需求教育和价值观教育等方面的知识，注重对学生心理的启迪，从而使思想政治教育的内容更加丰富和生动；还应将全面“漫灌”与精准“滴灌”结合，“漫灌”打基础，“滴灌”促成长，把思想政治教育的理念讲深、讲透，使其入脑入心，从而切实提升思想政治教育的亲和力和针对性。

（四）教育方法融合

心理健康教育方法主要包括共情、倾听、宣泄和探讨等技术，本质可以归结为心理疏导法；传统的思想政治教育方法包括讨论、批评和说服等方法，本质可以归结为说理教育法。两种方法本身并不存在矛盾，但各有其特点。心理疏导法主张以来访者为中心，偏重于对个体的教育，强调来访者的主动性；而说理教育法则强调教育者在教育过程中的主导性，与心理疏导相比，它显得比较生硬，适合群体的思想教育。

心理疏导法和说理教育法的融合，可使二者扬长避短、互为补充，使高校思想政治教育更具时代精神和活力。一方面，教师应在摆事实讲道理的基础上，引入积极的情感力量，从关注教育对象心理情绪的体验入手，注重教育过程中与教育对象的心理交流，使单向注入变为双向互动，以有效增强教育的效果；另一方面，心理疏导的过程看似是解决学生具体心理问题的过程，实则是引导学生人格健全发展的过程。两种方法的有机融合，使思想政治教育工作既能以理服人、又能以情感人，从而切实提升思想政治教育的效果，这也是新时期创新高校思想政治教育方法的必然趋势。

心理健康教育是高校思想政治教育在新时期的新发展，“以心育德、以德促心”的思想政治教育模式具有独特的发展优势，极大地提升了思想政治教育的艺术魅力。心理健康教育与思想政治教育的融合发展也不是一朝一夕间完成的，需要全体高校思想政治教育者不断探索，在实践中发现问题，在改进中思考问题，在创新中解决问题，切实提升思想政治教育的亲和力和针对性，这样才能使高校思想政治教育更具生机与活力。

第三节 思想政治教育与劳动教育融合

一、劳动教育概述

（一）劳动教育的概念

从哲学角度来看，劳动是主体、客体和意义的内涵集成体。劳动主要是指生产物质资料的过程，通常是指能够对外输出劳动量或劳动价值的人类运动，是人维持自我生存和自我发展的唯一手段。按照传统的劳动分类理论，劳动可分为脑力劳动和体力劳动两大类。

劳动教育是国民教育体系的重要内容，是学生成长的必要途径，具有树德、增智、强体、育美的综合育人价值。实施劳动教育的重点是在系统的文化知识学习之外，有目的、有计划地组织学生参加日常生活劳动、生产劳动和服务性劳动，让学生动手实践、出力流汗，接受锻炼、磨炼意志，培养学生正确的劳动价值观和良好的劳动品质。

劳动还与劳动技术教育、通用技术教育等概念相关。不过，劳动技术教育较强调技术的学习，与职业定向存在更密切的关联；通用技术教育则是开展基础技术教育的课程形式，“通用技术”是其教育重点，“劳动”已不是其核心内涵。换言之，劳动教育是面向所有教育对象的普通教育，而劳动技术教育、通用技术教育中虽也有“劳动”的要素，但较多指向具体技术或者通用技术的学习，它们强调的重点有显著差异。

（二）劳动教育的内容与目标

1. 劳动教育的内容

第一，帮助学生树立正确的劳动观点，使他们懂得劳动的伟大意义。人类的历史首先是生产发展的历史，是劳动人民创造的历史；辛勤的劳动是建设社会主义和共产主义的根本保证；劳动是公民的神圣义务和权利。劳动教育使学生懂得轻视体力劳动和体力劳动者是数千年来剥削阶级的思想残余；同时使学生懂得把脑力劳动同体力劳动相结合的重要意义。

第二，培养学生热爱劳动和劳动人民的情感。学生应养成劳动的习惯，形成以劳动为荣、以懒惰为耻的品质。学生要抵制好逸恶劳、贪图享受、不劳而获、奢侈浪费等恶习的影响。

第三，学习是学生的主要劳动，教育学生从小勤奋学习，将来担负起艰巨的建设任务，并教育学生正确对待升学和就业。劳动教育，还要通过生产劳动和公益劳动等加以具体实施。学生在校期间，要按照教学计划的规定，适当参加劳动。

2. 劳动教育的总体目标

第一，通过劳动教育，学生能够理解和形成马克思主义劳动观，牢固树立劳动最光荣、劳动最崇高、劳动最伟大、劳动最美丽的观念。

第二，体会劳动创造美好生活，认同劳动不分贵贱，热爱劳动，尊重普通劳动者，培养学生勤俭、奋斗、创新、奉献的劳动精神。

第三，使学生具备满足生存发展需要的基本劳动能力，形成良好的劳动习惯。

（三）劳动教育的意义

劳动教育是中国特色社会主义教育制度的重要内容，直接决定社会主义建设者和接班人的劳动精神面貌、劳动价值取向和劳动技能水平。长期以来，各地区和学校坚持教育与生产劳动相结合，在实践育人方面取得了一定成效。近年来，一些青少年中出现了不珍惜劳动成果、不想劳动、不会劳动的现象，劳动的独特育人价值在一定程度上被忽视，劳动教育正被淡化、弱化。对此，全社会必须高度重视，采取有效措施切实加强劳动教育。

开展劳动教育，是坚持和发展马克思主义唯物史观的客观需要；是构建德智体美劳全面培养的教育体系，形成更高水平的人才培养体系的必然要求；是富国强民，建设高素质劳动者大军的必要举措；是新时代加强大学生思想政治教育的应有之义。

劳动教育与高等教育密不可分，并同德育、智育、体育、美育相辅相成，有机联系。可以说，离开了劳动就不可能有真正的教育。经过多年实践育人的积累，高等院校拥有开展劳动教育最为丰富的实践操作资源与师资教学优势，不论从人才培养方案、劳动课程设置、教学组织方式、校园文化建设等育人形式上看，还是从校企合作、产教融合对劳动理论与实践资源的整合来讲，高等院校都可以通过劳动实践培育学生的劳动精神、提高学生的技术技能，较为全面地发挥新时代劳动教育树德、增智、强体、育美的综合育人作用。

同时我们也要看到，劳动教育在高校课程体系中还需要进一步明确和强化，不能简单地用技术技能培养代替劳动教育，而应当通过专门的劳动课程让学生明白劳动的价值和意义，进而提高学生学习劳动技术技能的自觉性。

二、思想政治教育与劳动教育的关系

（一）劳动教育的内容属于思想政治教育的范畴

从内容这个层面而言，高校思想政治教育的外延更加宽广，涵盖面更大，也具有更为丰富的内容，而这些恰好支撑和帮助了劳动教育的理论教学和研究。如果说高校思想政治教育是一个全集，那么劳动教育就是它的一个子集，二者之间具有包含与被包含的关系，劳动教育主要内容是作为高校思想政治教育主要内容的一个侧面而存在的，其属于思想政治教育主要内容的范畴。

（二）劳动教育的实践活动与思想政治教育相重合

从实践活动层面而言，高校思想政治教育的教学实践过程中开展的劳动实践活动形式多样、内容丰富多彩，如志愿服务、生产实习、社会调查等实践活动，都包含在劳动实践活动的范畴之内，都是劳动教育实践环节的主要内容。可见，劳动教育的实践活动与思想政治教育相重合。

（三）劳动教育的目标与思想政治教育相一致

从目标层面而言，思想政治教育的目标作为高等教育的出发点和归宿，是思想政治教育需要明确的核心问题，目前我国高等教育的目标是培养出政治、思想、心理、道德等多方面素质完善的大学生。较高水平的思想品德素质是高等教育培养合格大学生的应有之义，而拥有正确的世界观、人生观、价值观自然也是合格大学生的衡量标准。

大学生劳动教育作为德育的内容之一，它的目标是要塑造出拥有正确的劳动观点和劳动态度、拥有良好的劳动习惯、掌握一定劳动技能的大学生。由此可见，从目标层面而言，大学生劳动教育的目标与思想政治教育目标相一致。

从以上几个方面加以论述和阐释，可以发现：高校思想政治教育与劳动教育之间存在着千丝万缕的联系。思想政治教育主要解决大学生思想认识方面的困惑，需要对大学生进行正确的教育和引导，它是一个总的框架，总领大学生思想认识方面的教育。而作为思想政治教育内容范畴之一的劳动教育，则可以看作是思想政治教育总框架中的一个分支。与此同时，这个分支又体现出自身的个性，主要体现在劳动教育活动所特有的针对性和目的性上。

“五育”的核心是德育，“五育”的基础是劳育。大学生的思想政治教育不能言之无物，必须借助一个行之有效的载体才能做到有的放矢，而劳动在大学生思想政治教育中正充当起这样一个行之有效的载体角色，从劳动这个载体和切入点出发，才会让高校思想政治教育走出说教式的“樊笼”。思想政治教育对劳动教育的开展起到了理论支撑的作用，而劳动教育则通过理论与实际相结合的方式增强了思想政治教育的实效性，使其教育效果得到了很好的强化。思想政治教育、劳动教育对教育工作者、大学生都提出了一些要求。

从高校思想政治教育的维度出发：首先，要引导大学生拥有正确和科学的“三观”。以此为出发点，指导大学生更好地掌握社会主义劳动价值观的内涵，争做践行社会主义劳动价值观的模范，使“劳动最光荣”的信念在心中自然而生。其次，以思想品德教育为切入点。通过思想品德教育、思想政治教育逐步塑造大学生无私奉献、吃苦耐劳的道德和品质最后，在此基础上培养大学生良好的劳动意志和品质；采取灵活多样、切实可行的方式为大学生提供各种实践机会。实践出真知，大学生在劳动实践的过程中，必然会加深对劳动价值观等内容的理解，从而增强劳动教育的效果。

从劳动实践教育的维度出发，通过劳动价值观、劳动品德、劳动习惯养成等一系列劳动教育，促使大学生增强自身责任感，树立正确的人生价值观，承担社会责任，磨炼大学生的思想品德，激励大学生从自身做起，并逐步影响他人，从而切实提高思想政治教育的实效性。

三、高校思想政治教育与劳动教育融合的路径

（一）加强劳动价值观教育，引领大学生劳动教育的顺利开展

人类所在的世界包括自然和社会，是经过劳动实践活动而创造出来，并被不断改造的。从这个角度出发，马克思主义的世界观可以说是劳动的世界观。同时，人生奋斗目标的达成以及人生价值的实现都是通过劳动等各种实践活动来实现的。因此，只有具备马克思主义科学的世界观、人生观和价值观，大学生才能对世界、社会以及人自身有一个正确认识；才能充分认识到劳动对世界发展以及对人类和人类社会存在和发展的重要意义，牢固树立“劳动实践活动是人类和社会生存发展之本”的观点；才能充分认识到劳动是自我人生价值实现的有效途径，增强自身劳动价值观念；才能懂得劳动致富、劳动创造价值的道理，尊重自己和他人劳动成果；才能认识到自己所承担的社会责任。

可见，没有科学“三观”作基础，人的优良精神品德就无法充分激发和优化，各种能力就不能有效地强化。可以说，马克思主义科学的“三观”是当代合格大学生必备的核心素质。这对于旨在促进大学生形成正确劳动价值观、积极向上劳动精神和良好习惯的劳动教育来说，马克思主义科学的“三观”内容必定成为其重要的理论支撑。所以，作为劳动教育的核心内容，劳动价值观属于马克思主义科学“三观”的内容范畴，受到“三观”教育的支配。

加强劳动价值观教育：首先，应在思想层面上真正认识到劳动价值观在学生成长成才过程中的重要作用和意义，真正做到重视劳动价值观教育，将劳动价值观教育作为高校思想政治教育活动的重要组成部分。其次，要认识到“三观”意识在劳动价值观教育中的支配地位。在劳动价值观教育开展的过程中，以“三观”内容为理论依托，结合劳动价值观的相关内容和具体事例，通过专题讲座、学术沙龙活动、征文活动、主题班会、案例分析等形式以及组织开展劳动体力活动，不断帮助大学生更好地接受劳动价值观教育，达到加强大学生劳动价值观教育的教育效果，充分发挥劳动价值观教育目的的作用，进而引领劳动教育的顺利开展。

（二）提升大学生品德素质，培养大学生的劳动精神和劳动意识

劳动精神是一个人对劳动活动所具有的比较稳定的、积极的心理倾向，是指在劳动实践活动中具有战胜困难、坚持不懈、努力完成劳动任务的意志、信心和勇气。劳动意识是一个人在劳动活动中对自身能够起到推动力作用的个性意识倾向。自我意识是一个人行为言论的“监控器”，它影响着一个人的精神面貌。个性倾向性是个人对其周围环境的方方面面所表现出的态度和行为，是决定个人态度和行为的积极性、选择性的动力系统。

由此可知，自我意识和个性倾向性控制着劳动精神的形成和发展，并制约着劳动意识的形成。而自我意识和个性倾向性均与人的品德人格素质有关。所以，大学生要想形成以“积极参与、主动践行、劳动光荣、吃苦耐劳、艰苦奋斗、无私奉献”为核心内容的劳动意识和精神，没有一定水平的品德人格素质作为自身思想认识的支撑，并掌控自身个性意识的倾向，是不可能达到目的的。

高校应该重视对大学生品德人格的提升，在品德人格提升的过程中促进大学生劳动精神和意识的形成。具体来讲，应在高校思想品德教育等教育内容的指导下，使大学生真正认识到劳动以及以吃苦耐劳、艰苦奋斗为代表的优良精神品质的重要意义和作用，为形成良好的品德人格素质打下坚实的思想认识基础；通过让大学生参与各种实践活动，使他们在实践过程中切身体会到劳动精神品质的价值及实际意义，并在实践过程中不断提升自己的品德人格素质，进而产生勇于践行、吃苦耐劳、艰苦奋斗的个性倾向性，形成“要通过劳动来不断发展自我，实现自我”的自我意识；最终在个性倾向性和自我意识的制约下，逐步形成以吃苦耐劳、艰苦奋斗为代表的优良思想品质，具备战胜困难、坚持不懈以及努力完成劳动任务的意志、信心和勇气，为劳动精神和劳动意识的形成打下坚实的基础。

（三）丰富劳动实践形式，拓展大学生劳动实践平台

如何增强大学生劳动教育的实效性，这既是一个重大的理论问题，又是一个重大的实践问题，需要高校以及教育工作者进一步深入地思考和探索。当前大学生劳动教育之所以出现吸引力不够、教育效果不明显、学生主观能动性不高等问题，与高校开展的实践活动形式较为单一有一定的关系。

通过丰富劳动实践活动形式可以提高大学生的参与程度，扩大实践活动覆盖面，使他们在全身心投入的情况下，加深自己在理论教学中所学知识的印象，切身体会到人生以及劳动的价值和意义，将具备良好的劳动素质作为自身全面发展的内在需要，从而真正达到将所学知识消化吸收，并内化为自身个性意识的目的。

1. 增设勤工助学岗

勤工助学岗是高校中普遍建立起的一种旨在帮助家庭贫困大学生减轻生活压力，为一些学生提供锻炼机会的校内实习岗位。它也是一项学生利用课余时间，通过劳动取得合法报酬，用于改善学习和生活条件的劳动实践活动。

高校勤工助学岗位的设立，一方面能够减轻部分贫困大学生的生活和学业负担，保证其顺利完成大学学业；另一方面，参与勤工助学岗位就意味着要进行一定的体力劳动、付出一定的汗水、花费一定的时间，这样能够锻炼大学生组织、协调、沟通等方面能力，磨炼其意志，使他们明白只有通过自身劳动才能获得报酬的道理，逐步改正懒散等不良习惯和娇气、自私等不良作风。

高校勤工助学岗的种类很多，行政岗位助理岗、学院办公室和辅导员助理岗、校园文明监督员岗、图书馆管理员岗等都属于勤工助学岗。以重庆工商大学为例，勤工助学岗亭是该校为帮助家庭经济较为困难的学生而设立的一种勤工助学岗位，面向的对象都是家庭经济条件一般或者较差的同学。他们通过在勤工助学岗亭工作，付出一定的体力劳动来获得一定的劳动报酬，这样一方面能够在经济上缓解其经济压力，帮助其顺利完成学业；另一方面也是对他们进行劳动价值观方面的教育，让其体会到劳动创造价值的含义，体会到获取劳动成果的艰辛和不易。

2. 开设“校园劳动日”

“校园劳动日”活动旨在号召大家一起行动起来，在劳动日里自己动手，积极开展或参与一些劳动实践活动。举办该活动的主要目的在于，在校园中形成一种良好的、积极的劳动氛围。高校设立并开展“校园劳动日”活动，一定程度上有助于解决当前高校劳动教育氛围不足的问题，能够营造良好的劳动教育氛围。

高校可以根据本校自身情况，选取和确立一个固定时间作为全校的“校园劳动日”。在开展活动的过程中，“校园劳动日”活动可以实行公共区域分片负责制度，尽可能地做到活动范围覆盖全校学生。各学院团委和学生会可以结合感恩教育、志愿服务、道德实践等内容，通过主题班会、橱窗、展板等形式加强宣传，引导广大学生积极参加“校园劳动日”活动，并根据自身情况与任务要求来确定活动日持续时间的长度。这样一来可以最大限度地使活动产生良好的实际效果，产生较广的影响。

只要高校能够做到常抓不懈、务求实效、大力推动，就能够使越来越多的学生参与到劳动中，进而有效地解决劳动教育氛围不足的问题，营造良好的劳动教育氛围。此外，该活动还能达到培养大学生劳动观念，提升大学生劳动素质，提升大学生思想道德素质，美化校园环境的目的。

3. 定期组织校内外公益活动

校内外公益活动是当前高校开展的劳动实践活动中一种比较常见的形式。在高校中组织开展各种公益活动，是大学生教育的一项重要内容和必要的教育途径。它既能使学生接受思想认识教育和精神磨炼，获得身心体验，培养学生的责任心，树立集体观念，形成团队精神；又能使校园消除“脏乱差”，长期保持校园洁净，形成优美舒适的自然环境，营造优雅育人的人文环境。

当前一些大学生在校期间，在特定节假日或者课余时间会参加一些公益活动，例如学雷锋、一帮一互助、义务劳动等专题性公益活动。他们在这些活动中可以理解相关主题的内涵和意义，锻炼自身的劳动基本技能。更为重要的是，通过活动可以体会到自身承担的社会责任，体会到自己幸福生活的来之不易，进而对自身的人生价值观方面产生积极的思考。此外，高校通过开展一些有意义的专题义务劳动等公益活动，能够加深学生之间的感情，使学生在互相协作中完成任务，体会到集体的力量和劳动的快乐，从而增强大学生的劳动兴趣，促进其主观能动性的发挥。

当前高校应根据自身条件，联系和借助社会上的一些资源，与校外相关单位联合起来，组织大学生开展一些专题性的校内外义务劳动等公益性活动，通过这些活动向广大学生宣传正确的人生价值观，促使其认识到自身应具有的高度社会责任感，以及通过提高思想认识和切实感受，调动他们参与劳动实践活动的积极性。

同时，应该注意的是，每一次在开展专题义务劳动等公益活动之前，应提炼好活动的主题精神。例如“学习践行雷锋精神”专题义务劳动活动就应该事先将雷锋精神的内涵进行提炼，并提前向广大学生进行宣传和动员，使他们在思想上有一定的具体认识和准备。此外，活动开始之前还应该做一个的活动策划，将活动的各个细节都考虑进去，做好充足准备，争取通过专题义务劳动达到劳动教育的目的，使参与其中的大学生有真正的收获。

4. 建立大学生劳动实践基地

劳动实践基地是大学生在校期间参与劳动实践活动的重要场所。大学生劳动实践基地建立的主要目的，是为大学生劳动教育提供一个固定的实践载体，为培养大学生劳动精神、劳动意识和劳动基本技能等方面提供重要的物质基础。因此，高校应重视大学生劳动实践基地的建立，为劳动教育提供一个专门的实践教学平台，为大学生提供一个固定的实践载体，从而保证劳动教育的教育活动能够取得真正的实效。

高校大学生劳动实践基地建设可以着重考虑以下几个方面的内容：

（1）高校应统一认识，全面规划

当前一些高校对劳动教育这一教育活动没有给予必要的重视，在劳动教育各方面的投入不足，造成了实践场地缺乏、现有实践场地使用率不高等一些问题。基于这种现实，学校应高度重视，正确认识劳动在大学生成长成才中的重要作用，把劳动实践基地的建设作为全面推行劳动教育的一个重要环节加以重视，并制订长远规划，设立长、中、短期的目标。

（2）高校应根据本校实际条件，进一步整合相应资源，规范管理

高校在基地建设主要资源的开发利用规划外，可以利用闲置地块或边角地方作为基地建设用地，这样一方面增加了基地的资源，另一方面也提高了土地使用率。同时，高校还可以跟一些企业、社会组织等进行沟通和联系，通过与其合作，争取资金、设施等方面的赞助，为实践基地的建立打下良好的物质基础。

针对一些高校现有劳动实践基地使用率不高、覆盖面不广的问题，高校应对现有的劳动教育相关土地资源和教育资源有效整合，科学管理，加大宣传力度，安排更多的学生到实践基地去学习和锻炼，以此提高基地的使用率，使基地真正发挥作用。

（3）让劳动实践基地成为劳动教育的鲜活教材

一方面，各班可以每学期组织学生在劳动实践基地开展一定的劳动实践锻炼

活动，让学生体验劳动的艰辛，品味劳动成果的喜悦；另一方面，可以利用一些基地场所，让各专业的大学生发挥其特长，在实践中熟练运用所学知识。例如，绘画类专业的学生可以在实践基地用画笔描绘在实践基地见到的一点一滴，一草一木；理工类专业的大学生可以利用场地进行测量，或者进行模拟规划、设计相关图纸等活动；自然科学类专业的大学生可以进行一些识别和研究相关植物、自己动手种植等活动。

此外，各班级的主题活动可以根据选择的内容由课堂转移到劳动实践基地，充分利用基地的条件，开展例如“劳动最光荣”“我们周围的环境调查”等主题活动，让基地成为大学生课余生活的乐园，丰富大学生的课余文化生活。

（4）加强对实践基地使用情况的评估，引进相应的激励机制

高校可以根据实际情况，将各学院学生在劳动实践基地的活动情况纳入学院年终考核评估，并占有一定比重的分值。高校还可以每年拿出一些资金对表现良好的单位和个人进行奖励，此外，可以在劳动实践基地设立教师实践活动区，通过师生对比，在无形中增强学生的竞争兴趣。

当然，丰富实践活动形式的工作不是一朝一夕就能够完成的，需要投入大量的人力、物力和财力，需要整合多个领域来共同努力才能逐步完成。高校在这个方面应该实事求是地稳步推进，根据自身条件和实际情况，逐步地增加一些劳动实践活动，丰富实践活动的形式。

同时，在一些高校现有的人力、物力和财力有限的条件下，也应该挖掘本校现有的各种实践活动的潜力，利用好现有实践活动开展富有劳动教育意义的活动，真正地将现有的每一个活动组织好，发挥它的作用。活动之前精心策划，大力宣传，认真组织；活动之后认真总结，吸取经验教训。只要活动能够在校内产生一定程度的影响，获得一定的良好效果，让大学生感到十分有意义，使其获得精神财富，那么它就能在今后吸引越来越多的学生加入其中，就能产生越来越大的教育作用。如果能够做到这样，就能达到吸引大学生广泛参与、增强劳动教育实效性的目的。

5. 扩展大学生生产实习平台

生产实习是在校大学生毕业前参与的、与自身专业相关的各种生产实践活动。例如人文社会学科的学生会到一些政府机关、企事业单位等部门，从事与专

业相关的工作实习；理工科的学生会到一些工厂、工地、企业等，进行专业技能的操作以及相关研发等工作的实习。高校组织生产实习活动旨在为不同专业的大学生提供实习工作平台，使他们有机会将大学期间所学专业知识用于实践中，检验自身的学习成果，在走入社会之前获取一些相关经验，初步提高自身的专业技能。生产实习活动是大学生在校期间参与的重要劳动实践活动之一，对自身劳动素质的提高、专业劳动技能的培养有着重要的作用。

当前高校在开展大学生生产实习活动方面已经采取了许多的措施，也获得了良好效果。但总的来看，实习活动持续时间短、实习单位较少、实习内容单一等问题在一些高校依旧存在。通过调查可以看出，许多大学生十分希望高校增加相关生产实习活动的次数和形式，延长一定的实习时间。高校应根据自身实际情况，加大在大学生生产实习活动方面的投入，通过与社会各方面的广泛联系，争取社会的支持，为学生提供更多的实习机会，丰富大学生实习形式，从而为大学生熟练相关劳动技能、提升自身劳动基本素质打下坚实的基础。

此外，高校还应加强对大学生生产实习劳动活动重要性的认识。一方面，将开展大学生生产实习活动这项工作所采取的各方面措施真正落到实处，保证在大学生劳动技能培养方面能够产生一定的切实作用；另一方面，教导大学生珍惜劳动实习机会，使大学生全身心地投入劳动实践中，并在劳动实践过程中锻炼自身的劳动技能，提高自身的劳动素质，为将来走入社会做好积极的准备。

四、促进劳动实践活动常态化，培养大学生良好的劳动习惯

知行相统一是养成良好习惯的关键。大学生能否养成良好的劳动习惯，一方面在于思想认识上对劳动是否有正确到位的认识，主观能动性能否真正发挥出来，主动地、有意识地去计划和准备参与劳动实践活动；另一方面在于能否经常参与各种实践活动，获得足够的锻炼机会，逐步使自己形成习惯性的劳动行为方式。

劳动教育是使学生在经常性的劳动之中形成一种自觉劳动意识的教育方式，力戒好逸恶劳、贪图享受和奢侈浪费等不良倾向，这是培养优良习惯的积极途径。大学生在学习劳动教育理论内容的前提下，应做到经常参与劳动实践活动，使自己逐步形成对劳动的正确认识，激发自身的主观能动性；同时在思想认识的支配下，让自己逐步养成习惯性的劳动行为方式。

高校可以根据自身的实际情况，开展诸如社会调查、生产劳动、志愿服务、科技发明、勤工助学、公益活动等各种各样的劳动实践活动，同时还要保证所开展的这些活动进入常态化。这样能够保证大学生在实践过程中受到劳动教育，还可以增加大学生的劳动实践活动次数，使大学生在劳动价值观、劳动品德、劳动精神等方面的形成和发展上有充足的时间和实践机会。

另外，在如何保证劳动实践活动常态化的问题上，高校还要通过建立相应的评价体系，设立一些必须完成的任务和目标来时刻敦促大学生参与各种实践活动，认真完成所布置的任务。高校通过一定的强制性督促和检查，能够促使大学生参与更多的劳动实践活动。长此以往，大学生就会形成自觉性，在主观能动性的支配下自觉主动地去参与一些劳动实践活动。

高校劳动教育还应布置一些课下任务，并定期进行检查，统一组织学生参加集体劳动实践活动，敦促和引导大学生提高自身的主观能动性，使他们对劳动在自身成长中的重要性有一个正确的认识，认识到劳动应成为自身发展的需要，进而唤醒他们的主观意识。大学生只有具备了一定的主观能动性，意识到应该有计划、有准备，主动去接受并实践劳动教育的内容，以及有了参与劳动实践活动的内在需要，他们才能真正深入理解劳动教育的核心内涵，全身心投入劳动活动中，进而在接受劳动教育的过程中逐步成长和进步。

劳动教育还要重视日常生活劳动在培养大学生良好劳动习惯方面的重要作用。习惯养成于平时，光靠在校期间参与的一些劳动实践活动，光靠一时的劳动素质培养和实践锻炼，是无法保证大学生能够真正养成良好的劳动习惯的。因此，学校和家庭应该联合起来，确保大学生劳动教育效果的延续性，保证大学生在校期间以及在家庭生活、社会生活中能够经常参与一定的劳动实践活动。只有在日常生活中不断锻炼，最终才能够达到劳动教育的目的，使大学生养成并保持良好的劳动习惯。

第三章 思想政治教育工作的实践

第一节 生命与诚信教育

一、大学生生命教育

（一）认识生命教育

生命教育的内容包括三方面：第一，生存意识的教育，即正确理解生命、生存和生活的内涵，也就是尊重生命、珍惜生命的教育，具体又包括生命安全教育、生活态度教育与死亡体验教育。第二，生存能力的教育，主要在于对环境的适应能力以及安全防范和自救能力的提高。第三，生命价值升华的教育，要重视培养大学生端正人生态度，如认真生活、快乐学习和工作，还要注重大学生的审美教育，让大学生在审美的过程中体验人生的价值和意义。

20 世纪 90 年代，随着我国素质教育的全面实施，倡导以人为本和尊重、关心、理解、信任、发展人的个性已成共识，实际上，生命教育在我国就此提上了思想政治教育日程。21 世纪初，党中央、国务院针对加强青少年思想道德建设、开展青少年生命教育提出了明确要求，做出了全面战略性部署，号召要把生命教育作为思想道德建设的重要载体，科学有效地实施生命教育活动，并将生命教育纳入全民素质教育内容中。在各级党和政府特别是教育部门的重视下，各种以青少年生命健康成长为主题的活动轰轰烈烈地开展起来，并取得了许多可喜的成绩。我国的生命教育已经形成了政府主导、民间参与、社会各界积极配合的态势。

生命教育属于思想政治教育的范畴，然而在我国的高校思想政治教育工作中对其进行得还不够充分。随着我国市场经济体制的建立和迅猛发展，近年来，大学生在学习、就业、人际关系等方面出现了众多问题，大学生心理问题日渐凸显，引起高校对生命教育的高度重视。那么，如何有效地在大学生中开展生命教育，既是落实以人为本的科学发展观和构建社会主义和谐社会的必然要求，也是学校教育特别是高校思想政治教育的一项崭新课题。在高校大学生中开展、生命教育，其内涵是帮助大学生认识生命、尊重生命、欣赏生命、珍惜生命，探索与认识生命的意义，尊重和珍惜生命的价值，提高生命质量，创造生命价值，并将自身融入社会主义现代化建设事业之中。

（二）大学生生命教育的实施措施

1. 建立学校、家庭沟通联系制度，为大学生创造良好的生命教育环境

新生入学时，学校应建立与家庭沟通联系制度，及时了解学生的家庭情况和中学时的表现。同时，通过这个联系制度，家长可以定期了解子女在校的学习情况和其他表现，寒暑假期间，学校也可以更好地掌握学生假期的情况和家长的反馈意见。如果学生遇到困难，学校和家庭可以给予他们更多情感关怀和理性引导，为其健康成长创造良好的生命教育环境。

2. 将生命教育思想融入各学科

生命教育，整体内容广泛，单纯依靠独立的生命教育课程是无法完成的，所以高校既要开设相应的生命教育课程，更要把生命教育思想渗透到各学科教学中。教学中需要尊重大学生的主体地位、关注大学生的情感需求、协助大学生体验其生命价值，在潜移默化中影响大学生的生命意识，关注他们的学习、生活，使其形成正确的人生观、价值观，引导大学生寻找化解矛盾的正确途径，关怀大学生，让他们充分感受到生命的活力和价值。

3. 开展丰富多彩的实践活动

高校还可以创造机会，鼓励大学生参加学术、科研、体育、艺术、娱乐等各种实践活动，为大学生提供求知、自我表现、人际交往和认识社会的宽广舞台，丰富和充实大学生的生活，在实践活动中帮助大学生体验生存感受，培养积极的生命情感意识。例如组织大学生到烈士陵园、革命纪念馆、名人故居等德育教育基地参观，让大学生懂得生命的价值和意义；组织大学生观看一些青少年违法犯

罪的视频资料等，使大学生树立法律意识，维护生命的尊严；组织大学生参加扶贫助困活动，引导大学生学会关爱他人，从而增强大学生的生命责任感。

4. 完善学校心理咨询机构

应配置专业教师组织开展学生心理问题筛查，建立健全学生心理健康档案，关注大学生特殊人群的心理；积极开展各种心理健康教育活动；强化大学生健康心理卫生，树立健康生命观；重点关注特殊家庭和经济困难家庭的大学生，发现异常情况及时解决。心理咨询机构应完善大学生心理健康网络建设，建立班级-系-学院-学校多层管理体制，通过多种途径与大学生交流、沟通，及时了解情况，发现问题并及时解决。

5. 提倡大学生自我教育

生命教育要想取得实效，单纯依靠外在因素是无法实现的，所以应提倡大学生自我教育，发挥大学生的主观能动性，这样才能达到理想的效果。

二、大学生诚信教育

（一）大学生诚信教育的内容

诚信教育是指诚信教育活动中所要传授的诚信道德价值和诚信道德规范。诚信教育内容既包括一般意义上的诚信，也包括实际生活中具体的诚信。大学生诚信教育属于道德教育范畴，有着一般道德教育共同的规律性，具有自己独有的特点，有特殊的教育内容要求和目的。它有鲜明的整体性，既是世界观、人生观、价值观教育的学校德育体系的重要组成部分，又融真善美为一体，是真善美的和谐统一。诚信是一个动态的命题，面对新形势和新问题，大学生诚信教育应当与时俱进，在内容上不断深化、拓展和创新。因此，大学生诚信教育应超越传统诚信的狭隘范围，把诚信意识和规则意识结合起来。大学生在思想意识深处应真正认识到诚信仍然是当代社会一切道德的基础和根本，如果社会诚信缺失、道德沦丧，必将影响经济社会的快速、持续发展。

从历史纵向的坐标来看，诚信教育可以分为传统诚信教育、现代诚信教育等。我们必须坚持以马克思主义思想为指导，提倡和弘扬传统的诚信文化，加强大学生传统诚信教育。诚信是中华民族的传统美德，要继承中华民族优秀传统，弘扬中华民族优秀文化，也要正确对待西方历史文化伦理，“取其精华，去其糟粕”，这些都有利于提高大学生的道德素养，有利于在全社会形成诚信为本、操守为重的良好风尚。

从现实横向层面上看，大学生诚信教育的内容可以分为学习诚信、交往诚信、生活诚信和就业诚信等。具体来说，大学生诚信教育主要包括以下几个方面：

1. 马克思主义诚信思想教育

马克思主义是科学的真理，它提供了科学的世界观以及认识世界和改造世界的立场、观点、方法，马克思主义是我们立党立国的根本指导思想。长期以来，中国社会的历史和现实以及中国共产党的性质都决定了马克思主义是我们的指导思想，是我们立党立国的根本指针，是社会主义意识的灵魂，是建设社会主义的理论基础和行动指南。因此，必须始终坚定不移地坚持马克思主义的指导地位。

在马克思、恩格斯的著作（比如《资本论》）中，除了对婚姻家庭及职业生活等领域的具体道德要求有深刻的论述外，马克思还比较详细地探讨了信用问题，从而形成了丰富而完整的信用理论。

要运用马克思主义基本原理，从社会发展和社会关系中分析诚信的本质特征，理解诚信对个体成长、社会发展的特有价值，从思想上对大学生进行理论武装，坚定他们的诚信信仰。

要确立马克思主义指导思想的地位，关键是要用发展着的马克思主义基本原理武装头脑、指导工作。马克思主义是科学真理，只有通过广泛学习与宣传教育，才能被广大青年学生深入了解、领会和掌握。因此，大学生诚信教育必须以马克思主义基本原理为指导，即用马克思主义诚信思想武装大学生的头脑，使之真正深入大学生头脑，转化为大学生的自觉行动。

2. 现代诚信教育

市场经济赋予诚信以新的时代内涵，现代诚信是指建立在市场经济之上的诚信体系。现代诚信是契约信用，契约依靠法律强制力保障实施，它属于法律范畴。从法律规范上讲，诚信是社会秩序的重要保障之一，是市场机制良好运行的必不可少的条件。因此，现代诚信已从道德层面上升到法律层面。诚信内涵的不断变化给诚信教育也提出了新的要求。诚信教育必须与时俱进，不断丰富教育内涵，以适应市场经济的发展，从而使市场经济发展与诚信提升相互促进、相得益彰。

道德是人类社会实践的产物，诚信的产生、发展与嬗变也要遵循客观规律。就现代社会而言，诚信具有“真诚、诚实、守信”“信任、信用、信托”与“诚信原则”等含义，所以当代大学生诚信教育既是诚信道德品质教育，又是一种社会伦理教育和法制教育。

现代诚信伦理教育是要让大学生从自己内在需求和现实特点出发，认识道德要求，形成一定的道德认识，产生道德情感体验，进而形成一定的道德信念，并将其内化为道德行为，即实现“知、情、意、行”的统一。

诚实守信不仅是一种道德操守，更是孕育其他道德品行的基础，它几乎渗透到大学生生活的方方面面。市场经济条件下，诚信具有更新、更广的时代内涵，大学生诚信品质体现在大学生的政治追求、专业学习、人际交往、日常生活以及择业创业等方面。结合我国大学生的现状，大学生现代诚信教育应包括政治诚信教育、学习诚信教育、生活诚信教育、契约诚信教育等。政治诚信教育就是要求当代大学生的理想追求、政治信仰是坚定的、稳定的。总体要求就是对大学生开展“四信”教育，即引导大学生坚定马克思主义信仰、坚定社会主义信念、坚定对改革开放的信心、增强对党和政府的信任。学习诚信教育是大学生现代诚信教育的重要方面，也是完成大学学业必须坚持的道德准则，它包括端正学习态度、信守学习制度、践行求真的治学精神等。生活诚信教育包括人际交往诚信教育、婚恋感情诚信教育、网络诚信教育、社团活动诚信教育等方面。在大学校园，契约行为是调整学生与学校、学生与社会、学生与他人经济关系的重要形式。契约诚信教育主要表现为债务诚信教育和择业诚信教育。

（二）诚信教育的原则

1. 主体性与主导性相结合的原则

马克思主义认为，人的主体性是人在对象性活动中表现出来的实践主体的特性、地位和作用，人的主体性推动着实践活动的发展。现代教育是以人为本的教育。教育学家苏霍姆林斯基认为：“道德准则，只有当它们被学生自己去追求、获得和亲身体验的时候，只有当它们变成学生独立的个人信念的时候，才能真正成为学生的精神财富。”因此，诚信教育要尊重学生的主体地位和主体人格，坚持以人为本，激发学生主体参与的积极性，通过学生的积极参与、认同接受，有效地培养学生的道德自主和道德自律。

强调和突出大学生的主体地位，尊重大学生的主体人格，并不以主体性为唯一。大学生作为受教育者，是诚信教育的承受者和体现者，也具备一定程度的主体素质和主体意识，如大学生在学习过程中表现出积极性、自觉性、主动性、创造性和“我要学”等主体意识。由于接受了多年的学校教育，加上个人的人生实践，大学生已基本形成正确的人生观、世界观和价值观，但从其社会化水平来看，大学生仍然是未成熟的社会群体，仍处在形成发展阶段。所以教师的主导仍然不能少，教师应启发和引导大学生的主体意识，以主导性的作用，不断营造和谐、宽松、自由、安全的教育环境，不断激励与引领学生，帮助他们把外在的道德教育要求内化为自身的需要，从而提高自身诚信道德素质，实现“知、情、意、行”的统一。

2. 差异性与发展性相结合的原则

教师要了解自己的教育对象，了解学生道德观念的变化，了解学校诚信道德建设出现的新情况、新问题、新特点，所以诚信教育就要从实际出发，要有针对性地进行，既要注意教育对象的差异性，又要注意教育策略的差异性，还要符合学生的心理发展和教育教学的一般规律。学校道德教育的根本目标是促进学生的全面发展，因此，道德教育要着眼于学生的整体发展，不仅要关注大学生的现在，更要重视、关注大学生的未来，即大学生诚信教育要着眼于诚信教育的终身化。学校通过创造出合乎人性的、宽松的、健康的、向善的环境，让大学生循诚求知、依诚做人，从而锤炼其优良高尚的品性，使其终身受益。

3. 平等性与民主性相结合的原则

现代道德教育理论认为，教师不是道德权威、价值法官，学生不是道德的容器，更不是只被允许扮演既定道德取向与道德规范的无条件的认同者与遵从者的角色。所以在诚信教育过程中，教师要遵循平等性和民主性原则，力避居高临下的空洞说教，要平等、民主地对待学生。另外，教师要善于倾听学生的意见，鼓励学生提出自己的观点，提供一些导向性意见和富于启发价值的道德评价。教师可以采用多种民主的方式，创设民主和平等的氛围。

4. 反复性与渐进性相结合的原则

辩证唯物主义认为，量变和质变是辩证统一的，事物是前进性和曲折性的统一，因此，大学生的诚信教育是一个循环反复、不断提升的过程。大学生诚信教育还是一个细水长流、润物细无声的过程，不可能一蹴而就。所以大学生诚信教育必须坚持反复性与渐进性相结合的原则，注意把握诚信教育的长期性、连贯性，通过具体事情理解学生的内心世界，开展有效的对话，引导学生从他律走向自律，使学生不断加强和提高自身的思想道德修养，不断提升诚信品质。

5. 系统性与实践性相结合的原则

德育内容的构成要素反映的是社会发展对受教育者德性品质的要求。完整的德育内容应由政治教育、思想教育、道德教育、法纪教育、心理教育五项要素构成。诚信教育作为道德教育的一个重要组成部分，必须和政治教育、思想教育、法纪教育等相结合。大学生的诚信教育应纳入高校日常教育体系和管理体系，培养全员诚信教育意识，做到“三育人”，即“教书育人、管理育人、服务育人”，使校园中时时、事事、处处显诚信。大学生诚信道德体系的建立和维系，仅靠学校的努力是远远不够的。大学生诚信教育不仅是高校思想政治教育的重点内容，也是家庭教育、社会教育的重要内容。诚信教育是一个庞大的系统工程。实施大学生诚信教育，需要全社会携起手来，共同关注诚信问题。我们必须创造出良好的诚信社会和人文环境，真正提高大学生的诚信道德水平。

在中国传统道德教育理论中，德育的实践性原则主要体现在知行关系的讨论上。道德认知学派的大家柯尔伯格认为，发展学生道德认知能力是提高学生道德发展水平的核心，道德认知能力是个体形成道德行为和习惯的基点，是人的道德品质形成的最基本的条件。同时，他又指出道德发展的条件有逻辑思维发展和社会认知发展，二者之间存在着一种平行的关系。这说明社会实践形成并不断丰富着个体道德活动的条件和环境，只要不断加强主体的自觉性和能动性，使个体道德活动的领域不断扩展，实践活动的形式就会越多样化，道德发展的水平就会越高。马克思主义认为理论必须用于实践，在实践把握中发展理论，遵循一条“理论-实践-再理论-再实践”的路线。大学生诚信道德教育包括提高诚信道德认识、培养诚信道德情感、锤炼诚信道德意志、养成诚信道德行为，但归根到底是“知、情、意、行”的统一，最终落实在大学生的道德行为上。所以说德育目标本质上是实践的，德育过程本质上也是实践的。总之，诚信道德不能只停留在书本上、课堂里，“纸上得来终觉浅，绝知此事要躬行”，言行不一致，不去践行，诚信道德是毫无价值可言的。诚信教育的关键在于实践，只有这样，诚信教育才真正具有实践意义和现实意义。

第二节　理想信念教育

一、理想信念与理想信念教育

（一）理想信念的含义及特征

理想信念是由“理想”和“信念”组合而成的，理想信念概念的厘定，首先要明晰理想、信念的概念。理想是指人们在实践中形成的、具有实现可能性的、对未来的向往和追求。理想是信念确立的动机，信念为人们矢志不渝、百折不挠地追求理想提供强大的精神动力，是理想实现的条件。它们共同作用于人类的行为实践，是人类社会中的一种特殊精神现象。理想具有超越性、实践性、时代性的特征，而信念具有执着性特征。

（二）理想信念的分类

理想是多方面和多类型的，从理想主体角度可分为个人理想和社会理想；从理想实现时间长短角度可分为近期理想和远期理想；从理想内容角度可分为生活理想、职业理想、道德理想和政治理想等。信念作为实现理想的强大精神动力，不同的理想必然有相应的信念作为支撑。根据理想的分类和支撑相应理想的信念，理想信念同样具有多种类型，如人们具有社会理想和支撑社会理想的理想信念，有生活理想和支撑生活理想的理想信念等。所以根据不同的标准，理想信念可分为生活理想信念、职业理想信念、道德理想信念和政治理想信念等。

（三）理想信念教育的含义及特征

理想信念教育是指以促进个人健康成长和顺利成才、推动社会发展进步为目标，有组织、有计划、有目的地对教育对象施加影响，使其树立科学理想信念，自觉将个人理想信念统一到社会主导理想信念中去的社会实践活动。理想信念教育可以使教育对象增强辨别科学理想信念和非科学理想信念的能力，自觉选择并坚定科学的理想信念，保证自己所树立的理想信念符合客观实际，与社会、国家发展趋势相一致，与社会实践活动内在要求相统一，确保个人理想信念的现实可行性和可实现性，并且能够始终如一地为理想目标不懈努力，为个人实现理想信念提供可能性、情感支持和精神动力。

理想信念教育作为一种社会实践活动即教育活动，必然也有自身的特征。理想信念教育具有超越性和现实性的统一、主观性和客观性的统一、科学性与价值性的统一的特征。

二、大学生理想信念教育的新特点

我国大学生理想信念教育经过各时期的不懈努力，得到了长足的发展与进步，既能够满足国家、社会的发展需要，也能够引导大学生树立科学的理想信念，使他们不断投入社会主义建设、改革、发展中，为国家、民族、社会的发展贡献青春、智慧与力量。我国进入新时代，世情、国情、党情不断发生变化，新时代大学生理想信念教育也随着社会发展大势不断发展创新，呈现出与以往时期不同的特点。随着时代背景与要求的不断变化，新时代大学生理想信念教育的理念、内容、目标不断与时俱进，且对标时代要求，具有新的特点。

（一）新理念

教育理念，是教育主体在教学实践及教育思维活动中形成的对“教育应然”的理性认识和要求。教育理念一定程度上决定了教育的效果，决定着教育目标和原则、教育要求、教育方法等内容。大学生理想信念教育要积极主动对标新时代的要求，坚持与时俱进、创新发展，以更高远的历史站位、更宽广的国际视野、更深邃的战略眼光进一步更新教育理念，拓展教育内容，创新教育方法，引导新时代大学生树立科学的、符合社会发展主题的理想信念。教育理念是历史的、动态的、发展的概念，而新时代大学生理想信念教育理念趋向“综合式”发展。要坚持民族性与世界性相统一的教育理念，引导新时代大学生不仅要为中华民族伟大复兴而不懈努力奋斗，还要树立人类命运共同体意识，为解决全人类的共同问题贡献智慧和力量；要坚持理论性与实践性相统一的教育理念，促进新时代大学生知行合一；要坚持整体育人与个性发展相结合的教育理念，共同引导新时代大学生树立正确的理想信念。

1. 民族性与世界性相统一的教育理念

大学生理想信念教育坚持民族性与世界性相统一的教育理念，不仅要培养担当民族复兴大任的时代新人，更要培养担当人类命运共同体建设的国际化人才，两者存在内在的统一性。习近平总书记在学校思想政治理论课教师座谈会上对思想政治课教师提出“政治要强、情怀要深、思维要新、视野要广、自律要严、人格要正”六方面的要求。其中“视野要广”就是要求高校思想政治教育工作者要以更高远的历史站位、更宽广的国际视野、更深邃的战略眼光开展大学生理想信念教育工作。

一方面，培养担当民族复兴大任的时代新人是大学生理想信念教育民族性的重要体现。引导大学生树立中华民族共同体意识、树立中国特色社会主义共同理想和共产主义远大理想体现大学生理想信念教育的民族性特征。因此，大学生理想信念教育的根本任务就是培养社会主义建设者和接班人、培养勇于担当民族复兴大任的时代新人。另一方面，大学生理想信念教育要有国际视野。国际化的发展有助于引导大学生树立自强意识、爱国意识，培养世界眼光、全球思维，客观推动着大学生理想信念教育，极大地提升大学生的思想政治素质。随着我国全方位对外开放的不断深化发展，大学生理想信念教育要借鉴国际先进教育理念，在增强大学生民族意识的同时顺应经济全球化发展趋势，树立世界性的教育理念，培养更多的国际化人才。通过培养国际化人才来促进我国综合国力和国际地位的提升，共同致力于人类命运共同体的建设，为世界各国梦想的实现和化解全球性挑战贡献中国智慧与力量。

民族性教育理念是中国特色社会主义开展大学生理想信念教育的核心理念之一；树立世界性教育理念是时代发展大势，以及世情、国情、党情的不断变化对大学生理想信念教育的新要求。因此，民族性与世界性的教育理念不是对立的而是统一的，中华民族的伟大复兴能够促进世界不断美好发展，而世界的进步需要各国人民共同努力和奋斗，共同创造人类世界文明。

2. 理论性与实践性相统一的教育理念

大学生理想信念教育坚持理论性与实践性相统一的教育理念，就是坚持教书育人与实践育人相结合，不仅要坚持以科学理论培养人，更要坚持理论联系实际，促进大学生理想信念的知行合一。理想信念不仅是一个思想认识问题，更是一个实践问题，理想信念教育是一个“知、情、意、行”互相渗透、互相促进的过程，以科学理论培养大学生的同时更要加强实践教育，以知促行。一方面，要不断深化理论研究，讲清讲深讲透马克思主义理论以及马克思主义中国化理论的内在逻辑性和科学性，优化理论内容形式，贴近新时代大学生实际生活，增强理论的说服力和感染力。另一方面，要不断提高实践育人水平，利用各种教育资源增强教育的实践性，在实践中引导大学生树立科学的理想信念，在“实践-认识-再实践-再认识”的循环往复过程中树立科学的理想信念。总之，大学生理想信念教育理论性和实践性的教育理念不是对立的而是统一的，实践离不开理论，理论离不开实践，二者相互影响、缺一不可。因此，大学生理想信念教育要以理论来指导实践育人，以实践证明理论的科学性，坚持理论性和实践性相统一的教育理念，坚持教书育人和实践育人相结合，促进大学生知行合一。

3. 整体育人与个性发展相结合的教育理念

党中央、国务院出台的《关于加强和改进新形势下高校思想政治工作的意见》明确提出：“坚持全员全过程全方位育人。把思想价值引领贯穿教育教学全过程和各环节，形成教书育人、科研育人、实践育人、管理育人、服务育人、文化育人、组织育人长效机制。”因此，大学生理想信念教育必然坚持整体育人的教育理念，构建全员全过程全方位育人格局。但同时也坚持以学生为主体，关切大学生个性发展的现实需要。

大学生理想信念教育树立整体育人的教育理念是落实新时代高校思想政治工

作精神的要求，也是培养担当民族复兴大任时代新人的现实需要，更是遵循大学生成长成才规律的必然结果。整体育人有利于协调教育资源，充分调动各方力量，形成强大的教育合力，提升教育针对性和实效性。整体育人理念就是要把大学生作为一个完整的个人来看，其身心发展有极丰富的内涵，并且以综合、统一的方式体现出来。大学生的理想信念并非孤立地形成和表现出来，而是与其他素质发展相互影响、相互制约，共为一个整体。其他方面的变化可能引起理想信念的变化，理想信念的变化也可能引起其他方面的变化，因此要强化整体育人的教育理念。

大学生理想信念教育树立个性发展的教育理念是遵循大学生成长规律的，是以人为本现代教育思想的体现。在新的时代背景下开展大学生理想信念教育活动，要在以人为本的基础上充分尊重大学生的个性发展，坚持个性化的培养方式，促进大学生全面发展。通过引导帮助大学生树立符合国家社会发展的物质利益观念，提高大学生个体的思想道德素质，引导大学生将个体奋斗目标与国家、民族的奋斗目标相统一。总之，大学生理想信念教育不仅要坚持整体育人，还要在以人为本的基础上坚持大学生的个性发展，在整体育人中坚持主体地位，在个性发展中充分发挥整体育人的导向性，引导大学生树立科学的理想信念。

（二）新内容

理想信念教育在相当程度上还是一种用先进科学思想理论去影响大学生的科学教育活动，而这种先进科学思想理论就是大学生理想信念教育的内容。因此，大学生理想信念教育内容是与时俱进的，是根据社会发展、时代要求和大学生的全面发展需求而进行整合与优化的，具有较强的政治性和目的性，体现着时代性与科学性的有机统一。

1. 政治性内容与生活性内容相融合

理想信念教育内容有着较强的政治性，是落实党、国家的教育方针和政策的重要体现。大学生理想信念教育的政治性内容，需要根据时代的发展而不断拓展并及时更新，即教育内容须与时代发展同步，须将党和国家新的政治理论成果及时融入。但是，大学生理想信念教育内容并非只有政治性内容，还有涉及社会发展需要、大学生全面发展诉求的生活性内容。随着时代的发展和我国社会主要矛盾的转化，社会对大学生的要求越来越趋向全面、丰富和多彩，既有提升思想政治素质的要求，又有满足情感、心理等方面的需求。一方面，大学生对美好生活的需要日益增长且更加多元。大学生的理想信念从内容上划分不仅有政治理想信念，还有道德理想信念、职业理想信念、生活理想信念等。将政治性内容与生活性内容相融合，既能促进大学生坚定马克思主义信仰、树立中国特色社会主义共同理想和共产主义远大理想、拥护党的路线方政策，还能促进大学生将政治理想扎根于道德理想、职业理想、生活理想等具体理想之中。另一方面，个人理想应该同国家梦想、世界梦想相结合。将政治性内容与生活性内容相融合，能够进一步拓展大学生理想信念教育的内容，使大学生理想信念教育既有长远、全局目标，又能贴近实际、贴近生活、贴近大学生；促进大学生将个人理想与国家梦想、世界梦想相结合，将个人理想融入国家梦想、世界梦想之中，在为实现国家梦想、世界梦想而奋斗的过程中实现个人理想。

2. 民族性内容与世界性内容相关联

大学生理想信念教育将我国优秀传统文化、革命文化、社会主义先进文化作为教育内容，体现了民族性特征。但随着经济全球化、社会信息化的发展，以及我国全方位对外开放的不断深化，各国文化交流频繁，民族性的教育内容总是要与世界性的教育内容相关联。大学生理想信念教育也要面向世界，同其他国家和地区进行交流与合作。

大学生理想信念教育内容与目标都要具有全球性视野，不仅培养担当民族复兴大任的时代新人，也致力于培养具有“人类命运共同体”意识的国际化人才，构建“共有共享的人类命运共同体”的世界梦。因此，大学生理想信念教育要不断学习和借鉴国外有益的教育内容和教育经验，丰富教育内容，拓宽教育视野，引导大学生树立更崇高的理想信念。另外，中国梦与世界梦紧密相连，相互依存、相得益彰。党的十九大以来，实现中华民族伟大复兴的中国梦，是我国人民的共同期盼。而且，中国梦的实现离不开世界和平发展的国际环境，中国梦的实现也将惠及全世界，对人类发展具有重要意义。因此，大学生理想信念教育要引导大学生正确认识中国梦与世界梦的辩证关系，树立科学的理想信念。

3. 科学性内容与人文性内容相结合

在人们的认知范围内，有科学精神与人文精神、科学价值与人文价值、科学教育与人文教育的相对区分。所以，在大学生理想信念教育的内容结构中也包含着科学性内容与人文性内容。科学是人们在实践基础上总结的科学知识、科学方法、科学思想、科学精神等。科学性内容的教育是培养科学方法、科学精神的教育，它不仅引导大学生树立科学的理想信念，还教授大学生实现理想的方法与知识。人文性内容的教育是培养人文精神的教育，能够引导大学生如何树立和树立什么样的理想信念。因此，在加强人文性内容的教育的同时，也要加强科学性内容的教育。

大学生理想信念教育内容在马克思主义指导下，遵循社会历史发展规律、思想政治教育客观规律、大学生思想活动规律，既要符合社会的客观要求，又要满足大学生的个体价值追求，体现着科学性与人文性相结合的要求。另外，大学生理想信念教育内容应当是全面的而不是片面的，应当是客观的而不是主观的，应该是与时俱进的而不是僵化不变的。因此，要将科学性内容与人文性内容相结合，进一步提升大学生实现个人理想、中国特色社会主义共同理想和共产主义远大理想的"看家本领"以及掌握实现理想的科学方法。总之，大学生理想信念教育中的科学性内容和人文性内容是相互补充、相互渗透、相互影响的。只有两者相结合才能更好地发挥引领大学生思想行为的作用，不断提升大学生理想信念教育的实效性。

（三）新目标

大学生理想信念教育的目标，既是大学生理想信念教育过程的起点，又是归宿，它体现了国家、社会发展对大学生应树立什么样的理想信念的要求，指明了大学生理想信念的发展方向。因此，理想信念教育目标在大学生理想信念教育过程中起着导向、激励、调控作用。在新的时代背景下，大学生理想信念教育要根据新时代党和国家教育方针以及大学生的全面发展来制定教育目标。新时代有新要求、新任务，同时面临新问题，需要确立新目标。以培养担当民族复兴大任的时代新人和培养建设"人类命运共同体"且具有家国情怀的国际化人才为大学生理想信念教育的目标，这是新时代世情、国情、党情变化的必然结果。以目标引导大学生树立科学的理想信念、勇于担当民族复兴大任，培养他们成为有理想、有本领、有担当的时代新人，成为具有国际视野、通晓国际规则、能够参与国际事务和国际竞争且有家国情怀的国际化人才。

1. 培养担当民族复兴大任的时代新人

培养担当民族复兴大任的时代新人为中国特色社会主义的人才培养指明了方向，回答了新时代要“培养什么样的人”的问题。新时代大学生理想信念教育要围绕立德树人这一根本任务，以培养有理想、有本领、有担当的时代新人为目标，从而实现满足中华民族伟大复兴的人才需求。

青年一代有理想、有本领、有担当，国家就有前途，民族就有希望。首先，中华民族伟大复兴需要有理想的时代新人。中国梦绝不是轻轻松松、敲锣打鼓就能实现的，而需要在一代代青年的接力奋斗中变为现实。大学生理想信念教育要与时俱进创新发展，不断提升针对性与实效性，引导大学生树立为实现中华民族伟大复兴而不懈奋斗的目标。其次，中华民族伟大复兴需要有本领的时代新人。大学生理想信念教育要致力于提高大学生的综合素质能力，使得大学生既学到真学问、练就真本领，又要有锲而不舍、自强不息的奋斗精神，切实提高解决实际问题的水平，不断增强工作本领。最后，中华民族伟大复兴需要有担当的时代新人。大学生理想信念教育要引导大学生坚定不移地以实现中华民族伟大复兴为己任，勇于、善于投入伟大事业建设中，积极响应国家号召，为实现伟大梦想贡献智慧与力量。中华民族伟大复兴需要一代代有理想、有本领、有担当的青年包括大学生不断投身于民族复兴的伟大事业中去。因此，培养勇于担当民族复兴大任的时代新人必然成为大学生理想信念教育的目标。

2. 培养建设“人类命运共同体”的国际化人才

在推动构建“人类命运共同体”和参与全球治理中，需要一大批熟悉党和国家方针政策、了解我国国情、具有全球视野、熟练运用外语、通晓国际规则、精通国际谈判的专业人才。大学生理想信念教育以培养建设“人类命运共同体”的国际化人才为教育目标，是根据世界发展大势、国家社会发展需要、大学生全面发展诉求而确定的。大学生不仅要为实现民族复兴贡献智慧与力量，更要树立崇高的理想信念，为世界的发展、全人类的发展贡献智慧与力量。因此，大学生理想信念教育者要深入把握国际国内发展形势，要善于从国际比较、放眼世界的宽广角度透视学生问题、直击学生困惑，通过内在逻辑和规律的准确把握，在解读中国实践中把诸如中国特色社会主义道路、理论、制度、文化优势，中国共产党为什么能、马克思主义为什么行、中国特色社会主义为什么好等问题讲透彻，从而解开困扰或干扰大学生的思想之“结”，用真理的强大力量引导大学生。大学生理想信念教育要使大学生在坚定马克思主义信仰和社会主义理想信念、增强中国特色社会主义“四个自信”基础上更好地服务于“一带一路”和“人类命运共同体”的建设，使其成为具有国际视野和家国情怀的国际化人才。

第三节　社会公德教育

一、社会公德的性质与特点

（一）社会公德的性质

社会公德与一般的国民公德不同，它是社会公共生活（与家庭生活、职业生活相对应而言）的道德，是一种最基础或最低层次的大众道德。国民公德或公民道德是一定社会或国家对其国民或公民所提出的基本道德要求。这些道德要求往往以立法的形式加以固定和推行。国民公德带有阶级、国家或社会制度的色彩，它往往与一定政治目标和主流意识联系在一起。梁启超在《新民说》中提出的“公德”即具有国民公德的意义，在梁启超看来，公德主要体现在爱国主义观念、权利与义务观念以及利群观念等方面，并通过从独立与合群、自由与制裁、自信与虚心、利己与爱他等关系的处理中表现出来。

社会公德涵盖了人与人、人与社会、人与自然之间的关系。大略而言，可以将社会公德分为公共角色道德、公共场所道德、公共交往道德等。公共角色道德是与职业角色道德和家庭角色道德比较而言的一种公共生活的角色道德，它与公共场所道德相关。如果说公共角色道德是主体自觉遵守公共场所道德的要求而形成的人员和身份道德，那么公共场所道德则从客体方面向人们提出了必须遵循的道德要求，人们一旦进入公共场所就必须遵循有关规定，都要遵守这些公共生活对其的要求，如果破坏了这些公共场所的行为准则，就会造成社会生活秩序的混乱。公共交往道德是社会主体自觉协调与客体之间、交互主体之间的交往，以不断改善彼此关系、促进共同发展的行为准则和规范体系。从主体角度讲，公共交往道德是确保主体人的本质充分展现、个性充分发展的自律性规范；从社会角度讲，公共交往道德是确保整体共同利益不受损失以及主体间友善协调的普遍性和社会性规范。

社会公德是一个社会文明进步的标志之一，也是一个社会、民族文明的“窗口”。任何人踏进一个社会、进入一个国家，首先见到的是这个社会的人在公共场所的举止是否文明，首先体会到的是这个民族是否文明礼貌，同时见到的还有公共生活环境的状况，然后就会据此判断这个民族的文明程度。尽管每一个民族、每一个国家由于文化、传统的差异，对文明的看法有所不同，但对公共生活的文明却几乎有共同的看法，都会以社会公德作为外部标准来衡量这个社会的文明程度。

（二）社会公德的特征

社会公德是人类在数千年的共同社会生活中逐渐形成和发展起来的，它符合社会全体成员的利益需要，是维持公共生活正常进行的前提条件。相对职业道德、家庭美德而言，社会公德具有以下特征：

1. 社会公德是一种低层次的最基本的道德要求

社会公德是社会道德体系的基础层次，是每个社会成员都应遵守的最起码的道德准则，是社会为维护公共生活而提出的最基本的道德要求。每一个社会成员都应当具备社会公德素养。人类共同的社会生活，要求社会中每个成员都要遵守公共生活准则，养成自我约束的道德规范，这就是社会公德。社会公德大多是生活经验的积累和风俗习惯的提炼，如讲礼貌、讲卫生、讲秩序等就是基本的生活共识，不随地吐痰、不乱穿马路等公德规范，更是简洁明了地表明社会公德的提炼过程。

2. 社会公德具有广泛的群众基础和最大的继承性

社会公德是全体社会成员都必须遵守的道德规范，具有最广泛的群众基础和适用范围。在人们的社会生活中，维护社会公德，就会得到群众的支持和赞扬；

破坏社会公德，就会受到群众的反对和谴责。任何一个社会成员，无论具有何种身份、职业和地位，都必须在公共生活中遵守社会公德。社会公德不仅对社会全体成员都是必要的，而且需要社会全体成员共同维护和遵守。在公共场所活动的人，他们因处在同一场所而具有共同的身份，如在剧场中是观众、在商店是顾客、在公共交通工具上是乘客等。虽然这些人的社会地位、职业、文化修养等各不相同，但他们都得遵守公共场所准则。例如作为剧场的观众，都不得大声喧哗；作为商店的顾客，都不得偷拿商品等。因为社会公德涉及这一场所中所有人的利益，所以凡遵守准则的，便会得到大众的拥护、支持；凡破坏准则的，则会激起公愤。群众自觉地维护公共生活准则，使得社会公德具有了很大的威力。

社会公德的内容具有最大的继承性。千百年来，人类在共同生活、相互交往的过程中，形成了共同遵守的公共生活基本准则。这些准则凝结着人类的道德智慧，是社会公德的重要组成部分。如在人际交往中尊重他人、信守诺言，在公共场合注重礼貌、相互谦让等，无论在什么社会条件下，都有人们在公共生活中应当遵守的基本准则。

3. 社会公德具有某种超功利性和非功利性

社会公德的适用对象是社会公共生活，而社会公共生活与履行公德的主体之间的利益关系并不直接，甚至有时必须牺牲主体利益来履行公德。不破坏公共财物，不违反公共秩序，对主体的利益并无损害，但也不见增加，仅仅是公共生活中最简单的事情。因此，社会公德大都是规定明确、简单易行、易为大众接受和遵守的准则。这些要求非常简单明了，只要有起码的道德修养的人都会做到。而见义勇为、奉献社会的行为却是以牺牲个体利益为代价的，有时甚至可能牺牲生命。履行公德的行为不如履行职业道德那样能带来经济效益，也不如履行家庭美德那样可以拥有一个和睦温馨的家庭。这也正是社会公德尽管简明、最基础，却常又很难坚持和很难落到实处的内在因由。

此外，社会公德的行为是面向社会、面向公众、面向“陌生人”的，因此，一个人是否履行社会公德，社会对他的道德监督作用并不明显和具体。一个人履行了社会公德并不能立即受到表扬和鼓励，一个人不履行社会公德或者违反社会公德，也往往不是立即就会受到谴责。这也正是一些人往往遵循家庭美德、职业道德而不讲社会公德的缘故。社会公德行为对象的宽泛性带来监督舆论的弱化和赏罚的非直接化，说明社会公德既容易遵循又难于遵循的特质，这也从某种意义上彰显加强社会公德建设的必要性和紧迫性。

4. 社会公德具有民族传统性

每个民族由于本身的历史、文化传统及风俗习惯等诸多不同，社会公德便具有民族的传统性特点。一个民族所特有的社会公德，对其他民族不一定适用。中华民族在数千年的共同生活或公共生活中早已形成了本民族的一些优良传统。例如，在公共场所待人接物温良恭谦、尊老爱幼、遵守秩序等。

5. 社会公德具有一定的强制性

社会公德逐渐变为一种风尚习惯，为人们所遵守，也要求人们去遵守。由于社会公德是社会公认的、共同的秩序，逐渐地成为必须遵守的规范，具有一定的强制性。每个社会都会采取一些行政措施迫使那些不自觉的人来遵守这些规范，如对扰乱公共秩序、损害公共设施者予以罚款，情节严重的还会拘留判刑。因而维护社会公德既要靠教育，也要靠一定的行政手段，两者应当结合实施。

二、大学生社会公德教育的主要内容

社会主义社会公德是建立在社会主义经济基础之上、继承了历史上社会公德的优秀传统，并以共产主义道德理想为前进方向的道德准则和价值导向系统。社会主义社会公德是以文明礼貌、助人为乐、爱护公物、遵纪守法为主要内容的观念和行为准则体系，反映着社会主义精神文明和道德文明的内在要求，成为社会主义道德体系的重要组成部分。

（一）文明礼貌

文明礼貌，就是指在公共场所中，在待人接物上，人的言谈举止、衣着仪表都要得体，即做到举止文雅，衣着整洁；在与人交往中，应言语文明。文明礼貌是社会交往中必然的道德要求，是调整和规范人际关系的行为准则，与每个人的日常生活密切相关。文明礼貌是打开心扉的钥匙，是交流思想的窗口，是沟通感情的桥梁，它反映着一个人的道德修养，体现着一个民族的整体素质。我国是一个具有悠久历史的文明古国，素有“礼仪之邦”的美誉。“礼”的内容很丰富，可以说从衣食住行到婚丧嫁娶，到治国安邦，“礼”无处不在、无时不有，成为历朝历代统治者维护社会秩序、规范人民行为举止的重要法宝。文明礼貌，不仅体现出一个民族的精神面貌，一个社会的风气，也表现出人的文化修养和道德品质。“礼”的核心内容是“敬”与“让”。敬，是对他人人格和尊严的敬重，对社会高尚道德行为的敬佩与敬慕，以及对价值和价值目标的敬意和追求；让，即谦让、礼让，包含了人们在人我关系对待方面先人后己以及在个人利益与他人利益关系处理中将他人利益放在优先地位考虑等因素，让是敬重他人的具体体现。在社会生活中，人们交往频繁，常常会发生冲突、矛盾，文明礼貌便起着调解、缓冲的作用。它可以增进人们之间的感情，使人们和睦相处，心情愉悦，避免很多不必要的争吵和纠纷。

今天，倡导和普及文明礼貌，是继承和弘扬中华民族传统美德、提高人们道德素质的迫切需要；是尊重人、理解人、关心人、帮助人，从而形成团结互助、平等友爱、共同进步的新型人际关系的迫切需要；也是树立中国人良好国际形象的迫切需要。

（二）助人为乐

助人为乐是我国的传统美德，也是社会公德的基本内容和要求。我国自古就有“君子成人之美”“与人为善”“博施济众”等广为流传的格言，把帮助别人视为自己应做之事，这是每个社会成员应有的社会公德，是有爱心的表现。在马克思看来，只有那些为大多数人带来幸福的人才是最幸福的人，历史把那些为人类谋利益的人称为最伟大的人物。一个人只有把为大多数人谋利益、为大家做出自我牺牲作为自己的人生理想和价值目标，才会享受到真正的快乐。助人为乐是社会主义社会人们应当遵守的最起码的道德规范，是为人民服务精神的直接体现。

助人为乐，在社会公共生活中比较复杂，但内容非常丰富，老弱病残、妇女儿童需要有人相助，突发的事故也需要有人帮助解决。虽然公共生活中会有一些社会机构及人员来维持秩序、帮助人们解决一些困难，但毕竟还是有限的，不可能什么困难都能及时解决。因此，在复杂的社会公共生活中，对于随时出现的需要帮助的人和事，就需要提倡人们在公共生活中互相关心、互相爱护和互相帮助，需要发扬一人有难、大家相助的友爱精神。任何人都是社会的人，都不能脱离他人的帮助而存在，也不能脱离他人的关心而生活。人与人之间需要互相关心、互相帮助。助人为乐是一种高尚的文明行为，同事之间、朋友之间、邻里之间、亲友之间，都应该有助人为乐、相互支持的高尚风格，这是每个社会成员应有的公德，是有爱心的表现。作为一种社会公德，助人为乐是每个公民都应具备的，一般也是每个人都能够做到的。

（三）爱护公物

爱护公物是社会公德的基本内容，表现在对社会共同劳动成果的珍惜和爱护上，是每个公民应该承担的社会责任和义务，既显示出个人的道德修养水平，也是整个社会文明程度的重要标志。爱护公物要求公民关心、爱护和保护国家财产，同一切破坏公共财物的行为做斗争，同一切浪费公共财物的行为做斗争。

社会公共场所中的公共交通工具、影剧院的设施、公园的花木等均是公物，属于国家、集体、全体人民所有。它们是保证公共生活正常进行的物质基础，关系到每一个人的切身利益。社会的公用设施得到妥善保护并保持良好状态，是使公共生活有序进行的基本保证，也有利于每个人的工作和生活。对于公物的态度表现出公民的公德水平，作为一个公民，有义务爱护和保护国家或集体的公物。爱护公物，还包含每个公民有权制止一切破坏公物的行为。如果每个社会成员都能珍惜、爱护公物，就意味着全社会的公共财物能够物尽其用、用之得当。社会公物遭到破坏，社会利益就会受到损害。所以，每个有责任心的公民，都应当自觉爱护公物。

（四）遵纪守法

纪律，是为维护社会生活正常进行，为维护国家、团体的利益，每一个公民都应当遵守的确定的秩序和行为准则。在社会生活中，既有社会全体成员共同遵守的纪律，又有各个政党、团体、机关、学校以及各行各业依据本单位的工作性质对所属成员规定的特殊纪律。但无论哪一种纪律，都应服从全社会的总的纪律要求。

遵纪守法是维护公共生活秩序的重要条件，也是社会主义社会公德的最基本要求。对一个公民来说，是否自觉维护公共场所的秩序，纪律观念强不强，法治意识强不强，体现着他的道德精神风貌是否良好。

遵纪守法要求增强法律意识，增强法制观念，做到知法、懂法、守法、护法；要求严格遵守各项法律和纪律，不做任何违法违纪的事，将法律条文内容化作自己的自觉行动，使守法由“要我做”变成“我要做”。纪律具有外在的强制性和内在的自觉性的特点。对于那些少数目无法纪、胡作非为的人，纪律具有强制性；纪律又靠人们的内在信念自觉地遵守，成为人们自觉自愿遵守的行为准则。这就要求人们自觉遵守和维护公共秩序，如遵守交通规则，遵守乘客规则，购物、买票人多时要排队，参观游览时爱护公共设施、保护文物，保持居住地环境整洁，不乱倒垃圾、乱堆物品，上下车扶助老、幼、弱等。人人都应争做文明顾客、文明乘客、文明观众、文明游客、文明居民，这样才能使社会公共秩序越来越好，所以要坚决同一切违法违纪行为做斗争。

三、大学生社会公德教育的实施方法

（一）重视道德教育的作用

大学生社会公德教育是社会主义道德教育的基础，是现代社会必须高扬的基本道德。从总体上看，现代社会成员有较强的社会公德观念，并能在行为层面有所践行。但部分社会成员在社会公德方面也存在着一些问题，主要表现为：有的社会成员对社会公德缺乏应有的认识，认为社会公德是无关宏旨、无关大局的小节、小德；有的社会成员虽有一定的社会公德意识，但对自己应负的责任和义务考虑较少，在知和行、观念选择与行为选择方面存在较大距离甚至彼此矛盾，因而或者行为举止较差、公德水平偏低，或者对危害公共利益、影响社会公德的言行熟视无睹、放任自流等。为了改变这种状况，每个社会成员都应从自己做起、从现在做起，做到“勿以善小而不为，勿以恶小而为之”。因此，大学生只有自觉地以社会公德规范自己、约束自己，才有可能践行社会主义道德；只有使遵守社会公德的文明现象蔚然成风，才能有力地推动社会精神文明的发展和社会的全面进步。

人的良好的道德活动是以其对社会道德规范与理念的认知和接受为条件的，

而使人们认知和接受道德规范与理念的基本途径就是对其进行道德教育。重视和加强包括道德教育在内的思想政治工作，是我们党的优良传统和政治优势。我们党一贯强调教育在道德建设中的基础性作用，注重以科学的理论武装人、以正确的舆论引导人、以高尚的精神塑造人、以优秀的作品鼓舞人，并使之成为党的工作的指导方针。抓思想政治教育，就要坚持正面宣传与引导为主的原则，在全社会深入开展社会主义思想道德教育活动，加强爱国主义、集体主义思想教育，加强社会公德、职业道德、家庭美德的教育，从而有力地推动公民道德建设向前发展。在进行道德教育中，我们党充分发挥了思想文化舆论阵地的作用，运用广播、影视、报刊、互联网等传播媒体对全民进行正面宣传教育，强调要让科学的思想占领舆论阵地，从而有效抵御各种错误的、腐朽落后的思想侵蚀。同时注重根据社会的不同群体（包括大学生群体的道德现状和对道德建设的不同要求）有层次地开展教育，重点抓好党员干部的思想道德教育和着力对青少年进行正确道德观的培养。另外，通过家庭教育与学校教育、社会教育相配合，灌输式教育与自主式教育相补充以及教育与实践相结合的教学方式，推进道德教育的深入开展。

（二）重点培育大学生的公民道德

在现代社会，公民通常指具有平等人格和权利的个人。公民必须讲公德。公民道德概念强调社会道德的社会性，突出了社会成员作为公民的宪法地位，彰示公民权利的不可侵犯性。在当代中国，既然在政治领域确立了依法治国的目标，那么在道德领域，就必然要求加强公民道德教育，从而为国家提供必不可少的道德基础。另外，中国是社会主义国家，社会道德必然属于社会主义道德体系，必然贯穿着道德的基本原则。因此，对当代大学生的道德教育，从培养社会主义建设者的角度来说，要进行社会主义道德教育；从培养合格公民的角度来说，则要进行公民道德教育。

公民意识、公共精神、公共文明是衡量一个国家公民素质和社会风气的重要杠杆。增强公民意识是大力弘扬社会公德，建设现代公共文明的前提和基础；培育公共精神是大力弘扬社会公德，建设现代公共文明的关键和核心；养成公共行为习惯是大力弘扬社会公德，建设现代公共文明的目标和愿景。而社会公德意识的核心，强调的则是超越眼前、个人利益之上的为公意识。越来越多的人形成的“积极的公德意识”，可以产生强大的社会感召力，形成一种浓厚的社会监督氛围，能与极少数有违社会公德的行为做斗争，从而推动全体公民公德意识的提高，使整个社会的精神文明建设向着更高的目标迈进。

应当说，公民道德在大学生的道德素质培养中发挥着基础性、决定性作用，因为它体现了人道主义、集体主义、诚信和公正等道德原则对大学生的最基本要求。就社会而言，没有坚实的公民道德做基础，要建立起宏伟的社会主义道德大厦是不可能的；就个人而言，在道德培养方面，每个大学生都应当从作为基础道德的公民道德规范做起。在工作、学习和日常生活中无视公民道德的人，连合格公民都算不上，更谈不上成为德才兼备的社会主义建设者。鉴于在校大学生已经受过十多年的学校教育，文化素质较高，对公民道德的认知和实践，理应走在全体公民的前列。总之，无论是大学生个人的成才目标，还是社会对他们的道德期望，都要求高校重视对大学生的公民道德教育和公民意识培育。

第四节　职业道德教育

一、大学生职业道德教育基本理论概述

（一）大学生职业道德教育及其理论依据

在对大学生职业道德教育进行定义的同时，我们要对大学生思想品德与大学生职业道德进行区分。大学生思想品德是一种社会意识在高校校园环境的延伸，指的是在高等教育思想引领下，根据社会道德准则，体现在大学生身上的关于思想方面的某种倾向。大学生职业道德，从其内涵与外延来说，是职业教育过程或是职业生涯强调的行为规范，它以大学生良好的思想品德为基础，是大学生思想品德在大学生职业规划方面的表现，两者相辅相成、相互促进。

1. 大学生职业道德教育的含义

大学生作为高素质人才，是我国社会主义建设的主要承担者，他们接受的职

业道德教育水平的高低将直接影响社会的整体发展。从当代大学生职业道德教育的课程中了解到，以思想和法律教育为基础课，对大学生进行基本法律知识和基本道德意识的讲授十分重要。通过相关的学习以及社会的熏陶，大学生具备独有的看待问题、解决问题和研究问题的能力，也已经拥有自己较为明确的世界观，需要更多的是专业能力、素养等方面的提升。但需要注意的是，职业道德教育不应一成不变，而需要根据大学生的情况做好调整，并将理论与实践相结合，以提升大学生的思考能力和激发他们的探索热情。总之，大学生职业道德教育是指，教育者将大学生个人素质与实践相结合，让大学生了解相关职业的道德，积极引导大学生参与社会实践，进一步加强大学生对职业道德的认识，以便为大学生进入职场提供理论支撑与实践基础。

2. 大学生职业道德教育的特点

（1）教育对象具有广泛性与针对性

在校的所有大学生都应该成为职业道德教育的对象。文凭教育只是大学教育的初级目标，让大学生真正获得真才实学、较高的理论水平与实践技能才是大学教育的宗旨，除此之外，还包括大学生的职业道德教育与培训工作。因此，高校的职业道德教育应落实到具体行动上来，要有合理化的目标体系与教育针对性，做好提升大学生自身能力的培养工作，以使其就业后能够更好地适应社会环境。所以应该从大学生入学开始就做好职业道德教育工作，将职业道德教育贯穿大学的整个阶段，包括在校的所有大学生都应该成为教育的对象。高校的职业道德教育要因地制宜，具体问题具体分析，面对不同年级、不同专业，甚至对不同地区的学生要有针对性地做好培养计划，从而使得教育的可操作性更强以及实际效果更好。实际上，这对学生整体能力的提升以及职业化的认知也十分有帮助。职业道德教育应该做好广泛性的工作，让每一个学生都能接受此类教育，使他们摆正日后的择业观，在以后的工作实践中能够更好地适应工作环境，实现自我价值。

（2）教育目标具有社会性

大学生专业知识的提升以及综合素质的培养的最终目标是为社会提供应用型人才，检验大学生职业能力和道德素质的重要标准就是进行职场的工作实践。然而，大学生很难获得真正的工作实践机会。很多大学生的职业道德教育只能停留在理论层次，无法真正地将理论运用于实践，缺乏实践性。所以日常职业道德教育工作的开展，应该充分考虑社会的实际需求，并且为学生提供更多、更广的实习机会。对此，可以采取的方式很多，如勤工俭学、毕业实习、岗前培训等，让大学生能在走向工作岗位之前对自己以后的工作有一定接触，从而可以有针对性地培养自身的职业技能和道德素养。

(3) 教育手段具有多样性

职业道德教育可以采用的方式多种多样，可以借用的资源也很多，可以通过不同方面的沟通与交流来提升职业道德教育的水平。首先，可以选择一些已经毕业，或者在一定的工作领域有一定成绩，或者毕业之后为国家的建设做出过重要贡献的人回学校开一次研讨会，让正在择业的大学生通过实际的事例来确定自己的求职方向，树立正确的人生目标，从而培育大学生不畏艰苦、敬业奉献、踏实做事、积极向上的职业精神，为自己的择业就业做好相应的规划。其次，相关的交流工作要做到实处。应该积极倡导志愿类的活动，帮助一些需要帮助的人，到山区献爱心、开展爱心支教活动等。在这些实践活动当中，教师要有意识地对学生的团队合作能力、忍耐力做相应的培养，积极调动他们在活动当中的主观能动性。学校要定期开展心理咨询活动，或者在学校举办的晚会中以节目的形式呈现，提升大学生的心理素养，使其与身边同学搞好关系，慢慢形成团结合作、积极进取的精神风貌。

(4) 教育内容具有专业性

职业道德教育是一项长期的系统工程，不能只作为简单的课程设置，还得渗透到高校教学的方方面面，特别是专业课程的教授，职业道德教育的思想也应该贯穿其中，与专业理论学习相结合，所以职业道德教育与文化知识等的传授应相辅相成。高校职业道德教育教师应该做好自己专业课程与职业道德教育之间的衔接工作，做好职业道德教育与学生综合素质培养结合的工作。所以专业授课教师对职业道德教育要做好相应的准备工作，并努力在自己的授课过程中不断寻找专业理论教学与职业道德教育的有效融合点。从另一个角度来说，专业的职业道德教育教师也应该对学生所学的知识有一定的了解，这样在课堂导学过程中就很容易吸引学生的注意力，并使他们对就业方向有一定的了解。做好毕业生跟踪调查工作，这样才能在整堂课程教学中将专业知识传授和职业道德教育有机地运作起来，让职业道德教育与专业操作能力的养成同步进行。高校的教师应该把理论知识带入实践当中，在理论教学过程中，还要关注与大学生就业息息相关的职业道德教育，尽力为学生以后的就业提供有效指引，真正让大学生职业道德教育落到实处。

3. 大学生职业道德教育的理论依据

(1) 道德认知发展理论

关于道德认知发展理论，马克思的早期著作中已有相关研究。首先，马克思认为，道德教育不是硬性地对基本道德准则加以记忆，而是教育者本身有更高的认知水平。道德认知发展理论认为，个人成长的各个阶段都有道德教育的参与，学生也可以对社会道德问题进行深刻思考，强调培养学生探索及思维分析能力的重要性。其次，在这一基础上对道德发展有了更深的剖析，包括前期的行为习惯的养成与后期良好习惯的培养，阐明了道德认知是一个由量变到质变的循序渐进的过程；其发展顺序是一定的，但发展速度是不确定的，而发展进程是确定的。从理论意义上讲，道德发展是阶段性的，不同的时代有不同的理论应用领域与范畴。同时将职业道德教育分门别类，因人施教，做到有的放矢，同时根据实时变化不断调整培养目标，即制定具体的职业道德教育目标，从而促进道德认知的发展，实现从量变到质变的发展，使每个发展阶段相互协调、相互促进。

(2) 职业发展理论

对个体的职业行为与职业心理状态的分析要用发展变化的眼光来看待。职业发展理论对“自身与角色”形象的全面发展很重视，认为这种职业价值观是长期累积的结果，因此，必须根据不同阶段的发展任务而有不同的职业指导计划。这样有利于个体有效地观察和接纳自己，并树立正确的职业价值观，对个体职业有专业的认识，以便选择合适的职业发展目标，进而每个人结合职业要求和自身特点，以个人特质寻找最适合自己的职业，并经过专业培训，实现自己的职业选择和职业偏好。当然，选择一个匹配的职业并不简单，因为个人和环境都是不断变化的，所以，在此过程中，采取单一的匹配方法是不可取的。职业发展理论的关键是选择匹配的职业。影响职业选择的因素有两类：一类是主观因素，包括素质、能力、价值观等；另一类是客观因素，如社会环境和经济条件等。在职业发展理论中，对个人与职业的匹配、社会因素的研究，都应与职业选择和引导相符合。职业指导人员可依据大学生不同阶段的发展特征，并根据职业发展阶段的完整模式，设计指导内容。基于这一理论，这里认为职业道德的培育在入学阶段就应该开展，而且要贯穿大学的整个学习阶段。

(3) 人本主义道德教育理论

人格心理学是人本主义道德教育理论的核心内容，心理学的研究离不开教育的实践与理论研究。其中，荷兰作家格特·比斯塔、美国人本主义心理学家卡尔·兰桑·罗杰斯在人本主义道德教育领域中属于开创者。人本主义道德教育理论与以往的教育理论相比较，其不仅以传统道德教育的内容为主，还更通人性。罗杰斯指出：情感对于人们的认知发展具有推动作用，如若没有情感的加入，人们的认知水平会受到限制。当人类的情感找不到可以宣泄的理由时，其对外界的认知就会带有很强的个人色彩。罗杰斯从理论的高度剖析，道德教育得以实施的前提条件是人与人之间的真诚与理解。“真诚”说的是学生与教师之间真心的交往，了解他们更加真实的自我，加深对彼此的了解。“理解”强调的是师生之间情感的表达能够很好地被接受，也能获得很好的反馈，相应的建议相互之间共同采纳，从各自不同的角度来理解彼此，让学生深刻领会到教师教学的主要目的。职业道德教育经过多年的发展，吸收了很多丰富的内容，其中“关心”与“体谅”两种观念的加入让职业道德教育有了更深层的含义。此理论比较深刻地对以人本主义为核心的道德教育理论进行了思考与分析，并对以道德情感为主线的学校道德教育进行了更深层次的探索。菲比尔德认为，在大学阶段进行职业素养的培育最重要的一点就是，让大学生在学习生活过程中保持良好的心态。在大学生的职业道德教育体系构建时，情感类教学方法的运用应该凸显人本主义的思想，教师要理解大学生的想法，在对其进行教育的同时让他们有自己的空间，怀着以人为本的思想关心大学生的生活与学习，让大学生真正理解职业教育的真谛与内涵，从而掌握必备的职业生存技能。

（二）大学生职业道德教育的基本原则

1. 主体性原则

主体性原则是职业道德教育所遵循的基本原则，在德育教育过程中，要充分发挥教师与大学生的主观能动性。

教师应该做好榜样，通过自身的言行举止来感染学生。大学生职业道德教育相关的领导、教师或是各级管理人员，他们的思想素质及职业道德水平对大学生今后的发展有深远影响。因此，教师的职业素养直接影响到大学生职业道德水平的提高。同时，教师在教学过程中，要对大学生的主体性地位给予充分的尊重。真正使大学生通过在校期间的学习，将职业素养内化为自己的潜在素质，进而成为本身的道德需要，再通过行为向外界表达自己的意愿，这对提高大学生职业道德素质会有更加积极的作用。因此，在职业道德教育过程中教师应该依据一定的教育理念，发挥大学生的主体作用，在沟通中不断与大学生互动，逐步引导大学生发现自己需要的职业素质，让教师的启发与学生的自我领悟有效互动。在此过程中，大学生在潜意识里不再把职业道德规范当成硬性条件，而是把它们当作自我提升的前提，内心的观念从而真正被扭转，由被动变主动。由此看来，这才是真正成功的职业道德教育。

2. 层次性原则

对大学生的职业道德教育要循序渐进，逐步推进，同时根据大学生的年龄变化与心理变化特点，逐步发现职业道德教育的规律性，对大学生分层、分类进行指导。大学生无论现在学习什么、将来做什么工作，都应知道今后的不确定性，这也是比较具有社会公认性以及普遍性的规范要求。大学生职业道德教育是社会各界人士公认的、具有普遍性的职业道德教育。另外，不同的专业设置有不同的教学要求，以便提高大学生的专业技能，因人而异地教授相关知识，增强教育的针对性。例如针对电信、通信、网络等专业的大学生着重进行网络道德教育，对财务、税收、金融等专业的大学生进行财务安全与财务道德的职业道德教育等。

3. 实践性原则

在教育的过程中，教师引导大学生学习职业道德知识，让他们了解职业道德准则，让他们初步对职业道德有一个理性的认识，这非常有利于大学生的成长成才。只有有了理论上的指导，才会有行动上的执行。实践的作用不言而喻，理论的教学不仅要有广度还要有深度，但更需要通过实践来加深对理论的理解。但实践机遇并不容易获得，所以高校需要不断开拓思路，让大学生有更多的机会参与到实践中，如义务支教、岗前实习、参加社会实践活动等，让大学生在实际活动中亲身体会职业道德的重要意义，进一步领悟职业道德的精神内涵。

4. 连贯性原则

教育是一项系统工程，也是一项长期性的工作。在这个知识快速更新、信息不断变化的学习型社会中，人们为了更好地生存发展必须不断学习。因此，为了更好适应将来职场的工作，大学生在校期间要有意识地锻炼自己的学习能力、职场适应能力等。另外，教育的过程是不断加深的过程，大学生从入学开始就要进行连续性的教育，不能中断。所以要将大学生各个阶段的职业道德教育连接起来，使其贯穿大学生的整个大学阶段。

（三）大学生职业道德教育的主要内容

1. 以爱岗敬业为基础的职业道德情感教育

职业道德信念的形成受职业情感的影响，职业情商是否丰富又直接影响职业行为规范的形成，大学生要有爱岗敬业的态度并且以乐观积极的心态来对待自己的职业。一些人在自己的工作方面要求精益求精，并且不断进取，因此使命感、热情感和道德感油然而生。这体现了敬业是一种高尚的人格情操。爱岗和敬业二者相辅相成，不热爱自己的工作岗位不可能在工作中兢兢业业。爱岗敬业是最基本、最普遍、最符合大众需求的。大学生职业道德规范的要求是无论在什么时候都要认真对待自己的工作岗位与工作内容，并保持良好的工作心态，始终要以主人翁的姿态去面对每一天的工作。因此，大学生要具备良好健康的职业情感与积极向上的心态，踏实工作是最直接的表现，这对培养职业道德的惯性养成意义重大。大学生只有对自己的工作兢兢业业、一丝不苟，才能做到全身心投入，才能在工作中实现自己的人生价值。

2. 以诚实守信、办事公道为核心的职业道德操守教育

良好的品德、健康的人格与高尚的情操是人们在社会生活以及工作中扮演好自己角色的基础，良好的职业道德操守有利于工作的顺利进行，要抵御各种消极落后的思想观念。自己内心具有良好的职业操守是肩负起本职工作的道德基础，这对大学生的教育而言不仅是诚实守信的思想道德教育，还是办事公道的职业操守教育。克己奉公、兢兢业业是对职业道德更高的标准要求。较高的道德修养是踏实工作的前提，兢兢业业的工作态度不仅表现在秉公办事，同时还要求具备一定的职业

素养与法律基础。具备良好职业素养的大学生，在日后的工作中，才能充分利用自己的工作资源，依规行事、照章办事，逐渐形成良好的工作作风与办事风格。

3. 以奉献社会、服务群众为宗旨的职业道德精神教育

职业道德精神的主要内容是要对自己的工作有一个清醒的认识与全面的了解，把自己的工作当成一种事业，在工作中对自身的价值取向进行规范，对自身职业道德素养提出更高的要求。职业道德精神直接影响职业道德的表现，这是一个由心理层次到道德层次的突破。当前一些已经走上工作岗位的人认为，以奉献社会为宗旨的当代大学生的职业道德教育相对缺乏。在平时，大学生要尽自己的微博之力来服务社会，从而提升自己的精神境界。助人为乐的奉献精神集中表现在尽职尽责工作与无私奉献，这不仅需要有良好的心态与专业技能，还需要有较高的职业素养。用踏实的劳动实现自身的价值，并利用自己所拥有的专业技能来服务社会。真正做到为他人、为集体、为国家负责，为社会做出应尽的贡献。

4. 以遵纪守法为规范的职业道德纪律教育

无规矩不成方圆。在依法治国的当前，知法、懂法、守法、护法是作为一个社会公民的基本素养，也是当代青年的一种担当与责任。遵循良好的纪律规则是社会良好运行有序的保障，因此，作为高级知识分子的大学生更应该以身作则、遵纪守法。大学生要做到知法、懂法、守法、护法，在长期实践中把外在的约束力内化为自觉行为。假如没有相关的法律法规去约束人们的行为，社会将没有秩序，人们的生活将无法想象。当代大学生应遵循职业道德，担负起社会责任，做一个遵纪守法的好公民，既是对自己的保护也是对他人、对单位、对社会的负责。

二、大学生职业道德教育的理论创新

（一）大学生职业道德教育的观念创新

1. 以满足社会需求作为大学生职业道德教育的基本目标

职业道德教育的发展主要是由社会对职业道德教育的需求情况，以及职业道德教育自身的发展速度所决定的。现代社会教育的创新和发展，是以社会对各类

人才的需求为主要推动力的。在社会经济快速发展的时代背景下，保持经济结构变化与职业道德教育发展的协调统一，对促进学生的全面发展具有重要的导向作用和实践意义，从而实现职业道德教育发展和社会需求之间的和谐统一。

就目前的发展状况而言，国家教育的发展和社会需求之间呈现出“供不应求”的态势。也就是说，社会的发展对职业道德教育提出了更高要求。当前，有些高校的职业道德教育结构单一、专业性不强，难以适应社会经济发展和产业结构调整的需要，因此，全面推进我国职业道德教育的发展，对提高教学质量具有重要的作用。

2. 以人性化教育作为大学生职业道德教育的基本理念

当前，教育的发展越来越体现出人性化的趋势，关怀人、以人为本的理念已经被社会上越来越多的人接受。20 世纪 70 年代初，联合国教科文组织提出“学会生存”，20 世纪 80 年代末国际社会提出“学会关心”，这些都是人性化社会发展趋势的体现。教育人性化是一种现代教育的理念。它强调对教育所涉及的各种因素的重视以及在具体实施过程中进行人性化的分析，以不断满足人类自身和社会发展的实际需求。人性化教育在整个教育系统中占有极其重要的地位。随着社会主义市场经济的快速发展，各高校逐渐接受了新的教学理念，从招生到培养等各个环节，力求与国际化教学发展趋势同步。与此同时，学生对学校的选择范围也越来越广泛，可以根据自己的兴趣和能力，选择最适合自己的学校和专业。高校也积极探索为大学生创造更好的学习环境和提供人性化的服务，增强大学生的学习兴趣。由此可以看出，学校教育的人性化模式和学生的具体选择之间呈现出一定的相关性。因此，各高校在开展职业道德教育活动的过程中，要从大学生的实际需要出发，具体问题具体分析，即根据大学生的不同特点设计不同的教学方案，进行个别化的指导和培养，充分调动大学生的积极性和创造性，培养他们学习的兴趣和热情，让每个大学生都能发挥自己的长处、挖掘自己的潜力，培养社会的责任感，对社会充满信心、充满爱心，不断提高自身的职业素质，争取做一名“德、智、体、美、劳”全面发展的创新型人才。

3. 以主题教育作为大学生职业道德教育的基本方式

推进式教育包括主题教育，主题教育是大学生职业道德教育的一种形式。它有助于引导大学生树立正确的人生方向、设计自身的人生轨迹、丰富自己的生活，为实现自己的人生理想做好充分的准备，以便更好地应对今后在工作中面临的困境。因此，高校有针对性地对大学生开展主题教育活动具有重要的实效性和引导性。

高校应该及早培养大学生的就业意识，有针对性地对大学生进行职业生涯规划指导，以提高大学生自身的就业能力和适应能力。

一般而言，所谓主题教育就是围绕一个教学主题或目标，高校和教师通过各种方式调动全体学生参与教学活动的积极性，让学生在热烈的讨论和交流中，对职业形成新的认知和理解，并将职业道德教育内化为学生自身行为的过程。同时，主题教育活动具有教育性、时效性、准确性、真实性等特点。因此，高校应结合自身发展的实际情况，及时对大学生职业道德教育的内容、目标和具体要求进行调整，以满足社会发展对人才的需求。通过这些措施，很多高校看到了主题教育的明显优势，在职业道德教育活动的安排上提高了主题教育活动的比重。

通常情况下，大学生职业道德主题教育应注意三点：一是在确定职业道德教育方向时，要紧跟时代的步伐，与时俱进；二是在主题教育中，必须保证大学生职业道德教育的普遍性，促进教育对象综合素质的全面提高；三是要充分发挥现代传媒技术的重要作用，以此辅助主题教育的开展，将主题教育的正面引导作用发挥出来，从而形成良好的社会氛围。

（二）大学生职业道德教育的内容创新

1. 职业道德纪律的教育

职业道德纪律是相关职业人员在职业道德工作和实践过程中形成的具有一定社会意义的规范。职业道德纪律并不是孤立地存在着的，而是与职业道德情感、职业道德精神有着紧密的联系，共存于职业道德教育的内容之中的。

职业道德纪律是职业道德教育的中间环节，它将职业行为内化为一种道德行为。这种道德行为对人的行为准则和一般准则进行了系统的规定。当今的社会是一个法制社会，大学生要更加强调自身的法律义务和责任，不仅要了解作为社会成员的基本权利与义务，更要知法、守法，自觉维护法律的尊严。身为社会组织或是团体的成员，每个人都应该遵守组织或是集体内部制定的各种规章制度、行为规范。同时严格要求自己，遵守法律法规，维护组织的和谐发展。在日后的工作中，每个大学生应时刻保持自律，争做社会主义的合格接班人，努力成为德才兼备的优秀大学生。

2. 职业道德规范的教育

职业道德规范，相对比较具体，它是一种职业道德精神的客观化。职业道德规范一般涉及的是相关职业人员在职业工作中必须遵守的客观准则和具体要求，以及对社会成员的职业行为进行具体的指导。职业道德规范，不仅包括职业活动中所触及的各种人际关系的处事原则，还包括约束社会成员行为的评价标准。在日常生活中，从事不同工作岗位的人必须对本行业的职业道德规范进行系统的了解和学习，才能更好地完成自己的本职工作，将职业道德理论与具体的社会实践结合起来，促进自身职业能力的提高。职业道德规范教育在整个道德教育过程中起着重要的推动作用。它是道德观和道德实践相结合的纽带，促使职业人员在社会实践过程中不断提高自身的职业道德水平。

众所周知，树立全心全意为人民服务的人生观、价值观，是社会从业人员所必须坚持的基本行为准则，也是在职人员开展本职工作的根本指导思想和最高标准。全心全意为人民服务是职业道德的核心，它集中概括了职业道德规范的基本内容和本质要求，是所有社会成员在实际工作中必须坚持的出发点和落脚点。职业道德规范教育，是职业道德教育的基础内容，也是所有社会成员共同遵守的行为准则和职业要求，它对各行各业职业人员的基本道德素养进行了明确的规定，所有劳动者都应该在实践环节将其内化为自身的行为习惯和职业素养。其中，五项职业道德基本规范（爱岗敬业、诚实守信、办事公道、服务群众、奉献社会）是为人民服务核心规范的具体表现，它涵盖了各行各业的职业道德的基本要求。现阶段我国职业道德规范教育的关键任务是，在坚持具体问题具体分析理念的基础上，根据不同学生的自身特点、职业需求，以及所学专业的发展趋势，有针对性地开展职业道德规范教育，促进学生的全面发展。具体的职业道德规范是大学生职业道德教育中最基本的内容，并且带有明显的指向性。因此，高校和教师应深入探究不同专业领域学生的特点以及将要从事职业的具体情况，制定职业道德规范教育的合理目标，这样在社会实践中才能达到良好的效果。

3. 职业道德警示的教育

职业道德警示是相关职业人员在从事职业工作时具有的一种有效的精神力量，它反映出社会对职业道德品质的本质要求，也是职业人员根据自身的职业道德知识和所坚持的职业理念所表现出的一种警示状态。它有利于提高相关从业人员的辨别能力和分析能力，从而提高他们的职业道德规范意识和法律意识。职业道德规范教育的主要目标是，对从业人员的职业道德行为进行有效的规范和指导，引导从业人员树立正确的就业理念。因此，职业道德规范、职业道德警示和职业道德品质，必须在大学生现实的社会生活中有所体现，即将理论知识用于指导社会实践活动，实现实践活动的合理性和有效性。所以，道德行为教育是大学生职业道德教育的根本点和立足点。只有符合大学生实际需要的职业道德教育，才具有很强的可操作性。对于每个职场的人来说，都要通过专业的训练和教育，才会形成符合职业道德规范标准的社会行为。即使人们在通常情况下对规范的言语具有一定的了解，但是在实际操作中，却难以广泛应用，这就不能称为已经形成某种职业道德品质，只是有意愿和动机罢了。也就是说，高校和教师要积极引导学生参与社会实践活动，投身到自己热爱的行业中实地体验，在实践中去构建并强化道德意识，自觉地遵守各行各业的职业道德规章制度，这也是一个人具有较高学业素质的重要表现。一般而言，在具体的工作环境中，职业人员会产生一种自然而然的社会反映和行为，这种自然而然的并具有非强制性和经常性的行为习惯，叫作职业道德行为习惯。苏霍姆林斯基认为：道德习惯的实质就在于人的行为已经被良心的呼唤所支配，而这种呼唤的主调则是道德警示。

（三）大学生职业道德教育的方法创新

1. 倡导与时俱进的大学生职业道德教育理念

在新形势下，高校加强大学生职业道德建设，要面对挑战，正视现实。大学生职业道德教育要紧贴时代脉搏，注入时代精神，体现与时俱进的思想。高校应根据大学生的文化、精神需要，明确他们的价值取向，研究大学生思想活动的新情况、新动向、新规律，选准切入点、找准着力点，开辟新途径，不断优化教育的载体。在新的形势下，高校要注重利用网络技术，在开阔大学生视野、活跃大学生思想的同时，借助互联网，提高大学生实施思想道德建设的科技含量，加强对各种信息的收集、整理、分析、加工、处理和存储，为开展教师思想道德建设提供更为快捷、准确的资料，同时还应组织专人专班建立大学生职业道德教育网站，提供可为教师随时阅览的有关信息。通过网络，学校领导和各职能部门均可及时与大学生进行思想沟通，迅速了解大学生普遍关心的话题，提高思想道德教育和管理的社会效益。

2. 理论联系实际的教育方法

随着经济国际化、信息多元化的发展，高校和教师应注重对大学生心理素质的培养，引导大学生形成积极、乐观的人生态度，争取成为一名合格的社会主义建设者和接班人。大学生群体处于特殊的人生阶段，尚未形成成熟的思考能力和判断能力，在分析具体问题时，往往缺乏辩证的思维，社会责任感和道德感有待提高。因此，在对大学生进行职业道德教育的过程中，必须坚持理论与实际相结合，从大学生的实际需求出发，培养大学生分析问题和解决问题的能力。现阶段社会发展过程中产生了不同的价值取向，在一定程度上影响了大学生的价值判断。例如社会主义市场经济体制，培养了人们开拓创新的精神，以及自立自强、民主法治、效率优先、兼顾公平的意识，但是社会主义市场经济的环境也更加复杂，利己、等价交换等思想对大学生的价值取向造成了一定的冲击。大学生就业问题、市场主体多元化等，都是市场经济发展的结果。特别是，这些问题对当代大学生的影响都是不容忽视的。我们应该看到，当代大学生具有特殊的心理特点，他们往往不满足于现实的生活和学习状态，反对传统的思想观念，不愿被束缚、被教条化，喜欢追求新鲜事物等。所以，高校对职业道德教育的内容设计应该更加广泛和多样化。职业道德教育具有鲜明的时代特征，必须与时俱进、开拓创新。这就要求教育者在教学方法和教学内容上进行新的尝试，汲取国外先进的教学经验，对社会现象的内在联系和本质进行具体的分析。同时，教育者要从大学生的实际需要出发，解决大学生最关心的问题，使大学生学会运用正确的人生观、价值观分析社会问题，从而解决社会问题，找到教育理论与实际的最佳契合点。

3. 案例教育方法

案例教育方法，是人们常用的道德教育方法。它具有较强的说服力，晓之以理、动之以情，从而避免单一的理论教育。

一般情况下，这些案例都是贴近我们生活实际的，是人们熟知的事情。因为案例教育的方法具有一定的代表性和说服力，并且与我们的生活息息相关，所以，更加生动形象，进而受到学生和教师的欢迎，教师爱讲，学生爱听。如果教学活动只有理论而没有实践，就得不到明显的教学效果，单纯的理论教育只是纸上谈兵，毫无意义。而只注重实践没有理论做指导，也是没有任何实际意义的。在现代教学模式中，教师不仅是教授知识的人，还是德育的研究者，应当为学生创造更广泛的发展空间。

4. 模拟情境教育方法

模拟情境教育方法，是指职业道德教育者利用社会环境基础，结合自身的知识和经验，创造一定的职业道德教育环境，并不断提高大学生的职业道德意识，提升职业道德素养的一种方法。模拟情境教育方法注重情感性的作用，具有较强的自愿性、非显露性和愉悦性，符合当代大学生获得尊重的需求，可以有效地激发他们的学习兴趣，在毫无压力的学习过程中，实现自身能力的提升。

职业道德教育的模拟情境教育方法有不同的开展形式。第一，要求职业道德教育者以身作则，严格要求自己，以潜移默化的教学手段营造出良好的教育氛围，并以自己的榜样和典范形象引导大学生形成自身良好的职业道德素养。第二，为了让在校大学生能够在学校环境中学习榜样的力量，职业道德教育者就应该不断更新和丰富自己的教育方式，在课堂上经常播放先进人物、道德模范的杰出事迹的视频和影像；开展不同形式的模范事迹的讲堂；在校园内雕刻模范人物的雕像，或悬挂其画像，让学生能够时刻感受到榜样的力量。第三，鼓励大学生经常向榜样道德模范学习，在直接的交流过程中，去感受学习模拟情境。同时，积极创造模拟情境，也就是职业道德教育者要选择性地运用学校环境和社会环境，并适当地创造相应的环境，让大学生在特定环境中接受职业道德教育。良好的学校环境，尤其是学校中的学习和交流，都会对大学生的职业道德教育产生良好的影响，发挥积极的作用。在运用模拟情境教育方法的过程中，需要注意两个方面的问题：一是职业道德教育者应加强自身的道德修养，注意身教的重要性；二是要注意环境创设的适宜性。职业道德教育者要善于选择道德建设中的有利因素，抵制不良诱惑，并组织大学生积极参与到职业道德教育的建设中去。

第四章　思想政治教育学生素质培养

第一节　道德修养与道德品质的培养

一、道德的主要功能

在道德的功能系统中，主要的功能是认识功能和调节功能。道德的认识功能是指道德反映社会现实，特别是反映社会经济关系的功效与能力。道德的调节功能是指道德通过评价等方式，指导和纠正人们的行为和实践活动，协调人们之间关系的功效与能力。这是道德最突出也是最重要的社会功能。

除了认识功能和调节功能，道德还具有其他方面的功能，如导向功能、激励功能、辩护功能、沟通功能等，这些功能都是道德的认识功能和调节功能在某些方面的具体体现，都建立在这两种功能的基础之上。

二、道德的社会作用

（一）为巩固社会经济基础服务

任何一个社会占统治地位的道德，都是维护这个社会上的经济制度的。封建社会倡导“三纲五常”的古代道德，借以巩固封建制度。资产阶级兴起后，则抨击古代道德压抑人性，不合理性，而大力倡导个性解放和个人主义，促进了资本主义制度建立。社会主义社会提倡为人民服务、集体主义的道德规范，也是着眼于巩固公有制经济基础的。

（二）维护社会生活秩序

社会生活中，矛盾无处不在，也无时不在。正确化解这些矛盾，社会才能协调发展。每个人都处在矛盾之中，面临很多矛盾关系。如同学之间，多人同处一室，各人兴趣爱好、生活习惯各不相同，矛盾在所难免。如果大家都能相互体谅，互相尊重，以诚相待，矛盾冲突就会减少；如果一个人自私自利、斤斤计较，凡事只顾自己、不管别人，关系就很难处理，就会矛盾丛生。推而广之，班级、学校、社会都是一样的道理。道德在维系社会秩序方面的作用不可低估。

（三）教育和培养一代新人

道德具有重要的教育作用。不管是现实生活中那些道德高尚的人的言行，还是文艺创作中的那些典型，我们看后都会受到极大的感染，它教育我们正确认识各种关系，正确地选择各种行为，成长为有德之人。

学校教育的功能是很宽泛的，简单地说，一部分是工具性的，如传授知识、培养技能；一部分是目的性的，即塑造人，使人具有高尚的人格、良好的思想品德。知识技能很重要，这是无可争议的。但是，知识技能被什么样的人掌握，为什么目的服务的问题更重要。从这一点来说，德在人们的全面发展中居于主导地位，它是人才成长的动力和导向。

当然，道德绝不是万能的。某人杀人劫财，如果不以法律的强制手段加以制裁，而仅仅施以舆论的压力，仅仅让其承受良心的谴责，不仅起不到惩戒本人的目的，也起不到有效预防他人的目的，还可能会导致群起而效仿，社会就会陷入混乱。

三、对中华民族优良道德传统的继承和弘扬

（一）中华民族优良道德传统的主要内容

1. 强调整体精神，强调为社会、民族、国家的爱国主义思想

所谓整体精神，就是个人利益服从整体利益，当两者发生矛盾时，要“公而忘私”“舍生取义”，为国家、民族、社会的利益不惜牺牲自己的利益。古代仁人志士有许多警句（如孟子、范仲淹、顾炎武等），从义利的角度看，讲究“先义后利”“见利思义”，鄙视“见利忘义”“重利轻义”的行为。受这种传统文化积淀的影响，生活中的中国人很讲究人情。

整体精神的确立与中国古代宗法社会结构有很大的关系。过去，一个聚居的地方往往形成一个家族，很多这样的家族就成了社会。全部的社会组织，都是在父子、君臣、夫妇之间的宗法原则指导下建立起来的。所以，中国古代社会，既是在皇帝统治下的一个政权机构，也可以说是一个庞大的家族。在家族中，族长实行家长制统治，权力很大。在这种宗法制度下，人们的宗法意识根深蒂固，血缘观念强，而且特别注重亲族的远近与长幼关系。如汉语中严格区分叔、伯、舅和婶、伯母、姨等，而在英语中无区别；这种重视血缘的传统一直延续到现在，亲戚之间的互帮互助很平常，视为当然；在这种宗法制度下，人作为宗族的一分子而存在，个人绝对隶属于宗法组织，个人必须服从于宗法团体，个人的意义由集体赋予；这样当个人利益与宗族利益矛盾时，先公后私是必然的选择。同样，当整个宗族的利益被侵犯时，每个人都愿意拼死保卫。

宗法制度形成了人们的整体精神，但也带来了很多不好的东西。比如“一人得道，鸡犬升天”“任人唯亲”“夫贵妻荣”“父尊子显”等，这些都是宗法制度的生动反映。但我们在这里讲的整体精神与中国古代宗法社会结构的宗法制度又有完全不同的地方。我们在这里强调社会、民族、国家范畴下的爱国主义思想。

2. 推崇“仁爱”原则和人际和谐

在人与人的相处中，古人特别强调要“推己及人”“关心他人”，也就是“爱人”。《论语》讲，“己所不欲，勿施于人”，在与人相处中，特别是发生矛盾时，应当从自己的欲望、感情、意志、追求等方面，设身处地为对方考虑，这样，人与人之间就能增进理解，相互体贴和帮助，容易化解矛盾。其实，我们在很多场合，如果能想一想“己所不欲，勿施于人”的道理，很多矛盾都能化解，人际关系也就和谐多了。

《论语》还讲，“我不欲人之加诸我也，吾亦欲无加诸人”，意为在与人相处时，应当尽量不要伤害别人，力求不妨碍别人的利益，凡是我不愿意别人施加于我的一切事情，我都应当自觉地不加到别人的头上，以免使别人受到伤害。我不希望别人骂我，我也不能骂别人；我不愿意别人伤害我，首先我自己不可以去伤害别人。

儒家先贤是从单个人的修身养性的角度提出问题的，后来的人又从中引申出了人际关系和谐发展的重要意义。古人云：“天时不如地利，地利不如人和”

“和为贵”。

3. 讲求谦敬礼让，强调克骄防矜

在中国传统道德中，谦敬既是个人自身修养的美德，也是为人处事的道德要求。谦即自谦，虚以处己；敬即敬人，礼以待人。谦敬与礼让是联系在一起的。中国传统道德在提倡谦敬礼让的同时，强调应克骄防矜。

4. 倡导言行一致，强调恪守诚信

诚信之道在于言必信、行必果，言行一致、表里如一，讲究信用、遵守诺言。“诚者，天之道也；思诚者，人之道也。”

5. 追求精神境界，把道德理想的实现看作是一种高层次的需要

中国传统道德认为，人之所以不同于动物，就在于人有道德。因而，人除了物质需要之外，还有精神需要，而精神需要中最高尚的需要就是道德需要。孔子有个学生叫颜回，住在破旧的房子里，一碗饭，一杯水，生活穷困潦倒。别人过这样的生活往往忧心忡忡，可是颜回“不改其乐”，过得有滋有味。孔子称赞他说：“贤哉，回也！”颜回真是一个道德高尚的人哪！他认为在物质生活基本满足的情况下，人应当追求一种崇高的精神生活，并把这种对精神生活的追求，看作是人生的最大快乐。这种精神境界对大多数人而言，是不容易达到的。

6. 重视道德践履，强调修养的重要性

中国古人不仅提出了人要追求什么样的道德理想，而且提出了实现这种追求的方法：那就是认识和行为的统一，加强自我修养。在认识上明白了该做什么，在实践中就坚持这样去做；认识到做什么是不道德的，就应当坚决避免这样的做法。“知行统一”“言行一致”。假设你在放学的路上（多人在场），捡到一个钱包，你会交还失主，因为你认识到拾金不昧是道德的，据为己有是不道德的。但并不能说明你是一个真正高尚的人。假设你在深夜无人时捡到一个钱包，你会怎么办？传统道德认为，这叫“慎独”，没人在场时也跟有人监督一样。自我修养必须坚持“慎独”的原则，才能真正成为一个高尚的人。

以上是对中国传统道德的基本概括，它们都是中国传统文化的珍贵遗产。

（二）继承和弘扬中华民族优良道德传统

1. 对人类文明发展中优秀道德成果的认识

世界上的许多民族，在人类发展的不同时期，对人类文明、人类伦理道德的发展都做出过不同程度的贡献。中华民族优良的道德传统虽然有着独有的民族特点，但我们决不能故步自封、唯我独尊，而要善于吸收世界其他民族的优良道德加以改造，并结合中国社会主义实践的现实，创造和不断完善中国特色社会主义伦理道德体系。中华优秀传统文化中很多思想理念和道德规范，不论过去还是现在，都有其永不褪色的价值。

2. 对待传统道德的正确态度

一个总的原则：批判继承。对其中合理的积极的成分，加以吸收为我所用；对其中的反动落后的东西、消极有害的成分加以抛弃。如：传统“孝”的思想在今天仍具重要意义。在家庭中，父母应该关心、爱护、养育子女，子女应当孝敬父母，体贴自己的双亲，并在父母年老丧失劳动能力的情况下，要主动地担负起赡养父母的义务，这在任何时期都是必要的。大学生应当是一个孝敬父母的人。当然，传统道德中“孝”的思想应当批判地继承。孝顺父母，并不是要无原则地顺从。所以，古代所说的“君叫臣死，臣不得不死”“父叫子亡，子不得不亡”“不孝有三，无后为大”等，是对孝的绝对化、片面化的理解，应当持批判的态度。

四、弘扬社会主义道德

（一）社会主义道德建设与社会主义市场经济

现在有一种论调，如今都搞市场经济了，发展就是硬道理，对个人来说挣钱就是硬道理。一个人挣的钱越多，对社会发展的贡献就越大，就应当受到尊重，就是有道德；相反，个人的良心值不了几个钱。

市场经济条件下要不要提道德建设？我国是以经济建设为中心，是不是意味着以经济建设为全部？其实，在这些问题上，我们党和政府的立场一贯是明确的。

市场经济与道德建设是一个相互促进、相互制约的关系。市场经济的发展，推动着社会道德的进步；加强社会道德建设，又促进市场经济的发展。

在现阶段，提出加强道德建设，以德治国有着十分迫切的意义。因为在市场经济的初期，由于原有的一些道德规范不适应市场经济的发展，而新的道德规范又未建立起来，在经济领域中出现了一些无序现象。这种道德失范，使各种不良现象都出现了。道德观念发生了很大的变化。

社会主义道德建设要坚持以为人民服务为核心，以集体主义为原则，以爱祖国、爱人民、爱劳动、爱科学、爱社会主义为基本要求，以社会公德、职业道德、家庭美德为着力点。

道德需要建设：一是作为一种外在的行为规范，道德的力量是有限的。因为其依靠力量——社会舆论、内心信念、传统习惯的力量，有时很苍白。二是道德一旦为人所掌握，力量无穷；对一个道德高尚的人，法律是多余的。道德有一个从外在不断内化的过程，其中教育是基础。

（二）社会主义道德建设的核心和原则

1. 社会主义道德建设要以为人民服务为核心

道德建设的核心，也是道德建设的灵魂，它决定着社会道德建设的根本性质和发展方向。社会主义道德建设以为人民服务为核心，这是有深刻的理论依据和重要的现实意义的，这反映了社会主义社会的经济基础、政治制度和思想文化的客观要求，是同社会主义的最终目的一致的。社会主义道德作为社会主义社会的一种意识，既产生于特定的经济基础和政治制度，又能动地作用于这一经济基础和政治制度，为维护、巩固和发展自己的经济基础和政治制度服务。

（1）道德建设必须有一个统率一切道德原则和规范的核心

一般来说，道德建设必然会有一个统率一切道德原则和规范的指导思想，也就是我们所要说的道德核心。历史上各个时期的道德都一样，只是当时的人们不愿意直接、公开地说出来而已。

道德核心的问题，归根到底也就是“为什么人”的问题。自古以来，一切剥削阶级的道德，都是为少数人服务；无产阶级的道德核心，才立足于为大多数人服务，对于这一点，没有必要加以回避，因为“共产党人从来不隐瞒自己的政治主张”。

（2）为人民服务是社会主义道德建设的核心

第一，为人民服务是社会主义道德要求的集中体现。在社会主义社会，要做一个有社会主义道德的人，就一定要有为人民服务、为社会献身的精神，就要时刻想到国家、集体和他人，想他人所需、利他人所益。

第二，为人民服务是由社会主义经济基础决定的，是建立新型人际关系的客观要求。我国社会主义经济，是以公有制为主体的多种所有制经济共同发展的经济，经济建设最终是要达到广大人民群众共同富裕的目的。我国目前虽然仍处于社会主义初级阶段，但是以社会主义生产关系为基础的社会关系已经建立。在所有制的形式上，我国虽然实行以公有制为主体、多种经济形式共同发展的基本经济制度，但社会主义公有制经济是我国生产关系的主流和本质，它代表了社会主义的发展方向。在人与人的关系上，大家都是平等的，只有社会分工的不同，没有高低贵贱之分。每个人都既为社会、为他人劳动，也为自己劳动，在劳动中结成平等互助合作的关系。在分配领域中，我国实行以按劳分配为主体、多种分配方式并存的个人收入分配制度。因此，为广大人民群众服务，特别是为工人、农民和知识分子服务，是我们的根本目的。强调社会主义道德建设的核心是为人民服务，就是要发挥社会主义道德的能动作用，关心人民、爱护人民、扶危济困、帮贫救难，以维护人民利益为最高要求，从而形成一种团结和睦的新型人际关系和热爱社会主义的氛围。

从社会政治制度看，我国是一个人民当家做主的人民民主专政的国家，人民才是历史的创造者和推动者，所以我国的社会主义道德建设，必须同“国家富强，人民幸福”的奋斗目标紧密结合起来。可见，“为人民服务”既是我国社会主义经济制度的要求，也同我国社会主义民主政治的发展相一致。

第三，改革开放和发展社会主义市场经济的新形势给为人民服务注入了新的时代内容。市场经济以社会化大生产为基础，在社会化大生产的条件下，一方面社会分工越来越细，越来越专业化；另一方面社会协作越来越广泛，越来越紧密。个人越来越离不开群体，整个社会围绕商品生产和交换而被联结成相互依存的有机整体。这在客观上有利于形成“我为人人、人人为我”的社会环境，有利于强化人们的群体意识、整体意识和服务意识。

在市场经济条件下，商品生产经营者追求的是商品的价值。而商品的价值能否在市场交换中实现，主要取决于该商品是否符合消费者的需要。因此，商品生产经营者必须考虑消费者的需求，必须千方百计地为社会提供物美价廉的产品和优质高效的服务。

市场经济是一种竞争经济。经营者要在激烈的市场竞争中立于不败之地，就必须遵循诚实守信、平等互利、合法经营、敬业爱业的伦理精神和道德原则，同时必须注重商品的质量和做好服务。早在两百多年前，英国古典经济学家亚当·斯密就指出，商品生产者为个人利益而工作，有一只看不见的手引导其去满足社会的需要，结果个人的利益得到了实现。这只“看不见的手”就是市场机制。这也就是说，该商品生产者是不自觉地为社会服务的。很多人提出了“顾客是上帝”“客户是中心”等口号，实施了“顾客满意”战略，简称“CS”战略。“CS”是“顾客满意”的英文缩写。“CS”兴起于20世纪90年代的美国、日本等国，是一种全新的行销战略。它要求企业以顾客为导向，建立优质服务网，让顾客感到百分之百的满意，从而使企业效益倍增。这说明，即使是在一般市场经济中，极端利己主义也是行不通的。

（3）努力实践为人民服务的道德

两个认识问题：现时代，实践为人民服务是否必要？是否可能？现实中，一些人对提倡为人民服务产生了怀疑甚至动摇，认为现在是市场经济，奉行的是物质利益原则和等价交换原则，再提全心全意为人民服务不合时宜了，甚至把为人民服务改成“为人民币服务”。

第一，社会主义市场经济条件下，为人民服务的道德仍然是必要的。在我国，有不少深谙国情和经营之道的企业就是这样做的。如海尔集团、石化集团、三九集团、康佳集团、长虹集团等，它们之所以成为国内外有影响的企业，有的甚至跻身于世界500强，其中一个重要原因就是它们不仅注重企业自身的盈利，更注意社会用户的利益，千方百计地提高自己的产品质量和售后服务。相反，那些只顾自己赚钱，不顾消费者利益，甚至危害消费者利益的企业，则是短命的。在社会主义市场经济条件下，企业要取胜，一是靠挖潜改造、技术革新、加强管理，从生产环节上下功夫；二是靠优良的售后服务。在技术条件差别不大的情况下，服务的优劣决定企业的命运。

第二，现阶段，实践为人民服务是可能的。为人民服务可以通过不同层次、不同形式表现出来，是先进性要求与广泛性要求的统一。

全心全意为人民服务。这是为人民服务高层次的要求，表现为一心为公、大公无私、毫不利己、专门利人等，这是对共产党员和先进分子的要求。在这方面，我党老一辈革命领袖为我们做出了榜样。

爱岗敬业，这是为人民服务的普遍性要求。表现为，在与人相处中，要尽量做到替别人着想，力求有利于他人、有利于社会，使自己的行为能够给他人和社会带来有益的结果，在人民需要的岗位上兢兢业业地工作，立足本职，实现自己的最大人生价值。“模范团长”李国安，他在自己的岗位上做出了突出的贡献，实现了人生价值。干一行，爱一行，勤勤恳恳地做好本职工作，同样是为人民服务，如普通工人徐虎、李素丽就是其中的代表；同志间相互关心、爱护、帮助是为人民服务，热心公益，助人为乐、见义勇为、扶贫救困也是为人民服务；个体户合法经营，照章纳税，不损害他人利益，靠自己的诚实劳动取得正当利益，他的行为同时也是为他人服务，这种既利己也利人的行为，在道德上应当给予肯定，也是在为人民服务。

如果说做到全心全意为人民服务有困难的话，做到爱岗敬业并不是一个高不可攀的目标。因此，对全体公民提出为人民服务的要求，并不是不切实际的幻想，而是切实可行。作为当代大学生，应努力实践为人民服务。

2. 社会主义道德建设要以集体主义为原则

何谓集体主义？集体主义作为社会主义道德的基本原则和价值导向，是社会主义社会提倡集体利益与个人利益在集体利益基础上的辩证统一。它包含着相互联系、相辅相成的几个方面。

(1) 集体利益高于个人利益

社会主义集体主义强调集体利益高于个人利益，提倡在个人利益与集体利益发生矛盾时，个人要顾全大局，以集体利益为重；在必要情况下，个人应当为集体利益而牺牲个人利益，要用自己的生命来维护集体和社会的利益。这是集体主义原则的最重要内容和最根本要求。

集体利益与个人利益的关系，从根本上说，在社会主义社会中是一致的，但两者也常会发生一些矛盾。在强调集体利益高于个人利益的前提下，不论是个人还是集体，都应当而且必须对这种矛盾加以认真的审视。对一个基本真实的集体和对一个有思想觉悟的道德主体来说，一般情况下的个人利益与集体利益之间的矛盾，是可以而且能够通过某种方式而得到解决的。

在社会主义条件下，集体利益既体现着集体的普遍的、最终的利益，也体现着每个集体成员的真正的、根本的利益。只有更注重集体利益，集体成员中的个人利益才有可能最好地得到实现和保障。“顾全大局”是集体主义原则的一个重要要求。

当个人利益与集体利益发生矛盾时，个人要顾全大局，自觉以个人利益服从集体利益。如你要代表学校参加一项重要比赛，但恰好好朋友来访，发生矛盾，这时你应该坚持集体利益至上。当国家和人民利益受到严重威胁（外敌入侵、抢险救灾、与歹徒搏斗等），个人应当挺身而出，直至献出自己的宝贵生命。“见义勇为”“无私奉献”是集体主义原则的要求。如在小孩落水、歹徒行凶的场合，围观者不管是党员还是群众，都应受到道德的谴责；有人建议设立“见死不救罪”，则不妥。见义勇为只应当是道德义务，不应当上升至法律义务，否则有违公平正义的价值取向。

（2）重视个人的正当利益

集体主义并不否定个人的正当利益，这是尤其需要强调的。并不是说任何情况下都必然要个人做出牺牲，更不是说随意要个人无条件地牺牲。

社会主义集体主义在强调集体利益高于个人利益的前提下，同时强调集体必须尽力保障每个成员正当利益，促进个人价值的实现，并力求使个人的个性和才能得到发展，这也是集体主义的应有之义。

集体主义在强调个人利益与集体利益的辩证统一的思想中，已经包含着对个人利益的高度重视。那种认为强调集体主义就会束缚个人、限制个人的观点，是对集体主义的一种误解；那种把集体主义看作是“敌视个人”的观点，更是一种错误的认识。

社会主义的现实生活充分证明，只有个人的正当利益得到保障，个人的价值和尊严得到实现，个人的积极性和创造性才能够得到发挥，集体的事业才会兴旺发达起来。

(3) 促进个人和集体的不断完善

集体主义作为社会主义道德的基本原则，它要求集体和个人都要不断地纯洁和完善自身，从而使集体利益和个人利益能够在辩证统一的关系中不断得到发展。

古希腊哲学家柏拉图和他的学生曾有过一段对话。学生问：老师，一滴水如何才能使它不干涸？柏拉图说：很简单，把它放到大海里。这段对话对我们理解个人与集体的关系很有启发。个人只是沧海中的一粟，而人民群众则是汪洋大海。作为个体的人是离不开社会集体而独立存在的，在人民群众这个集体面前，个人如同一滴水，离开了大海就会很快干涸。因此，只有将个人的智慧和力量纳入集体实践的洪流之中，才能使个人的能力得到充分发挥。

五、大学生与诚信道德

大学生是未来社会的栋梁，是社会主义市场经济顺利发展的重要保证，是有中国特色社会主义事业的建设者和接班人，是否具备诚信的道德品质成为判定大学生是否成为合格公民的基本准则。从总体上看，大学生有良好的道德素养，诚信道德状况主流是好的，但由于受各种不良因素的影响，不少学生的诚信道德不容乐观、令人担忧，已严重危害大学生群体的形象。因而，加强大学生诚信道德建设，既是贯彻落实《公民道德建设实施纲要》的要求，也是促进大学生健康成长的需要。

（一）诚信道德有利于大学生的身心健康

从心理学的角度讲，信任是渴望尊重的一种心理需求，诚信是人际交往得以继续和发展的前提。人生在世，不可避免要和别人交往，只有待人真心诚意、表里如一、坚守信用，才会赢得他人的信赖，得到别人的理解和帮助，这样的交往使人产生愉悦、坦然的心情，而这正是一种积极的精神状态。若生活中没有诚信，则每个人都不得不耗费大量的精力物力以防止被欺骗，结果人人都生活在紧张和压抑之中，生活的幸福感被大大降低，心理亦容易产生障碍，甚至引发心理疾病。所以，诚信道德有利于大学生保持身心的健康。

（二）诚信道德有利于大学生塑造良好的道德品质

良好的道德品质对人的文化科学知识的学习、进取创造能力的习得等整体素质的塑造起着导向、动力和支撑作用。而塑造良好的道德品质离不开诚信道德，试想，一个大学生连对人诚实守信都做不到，他会去爱国？会自觉地遵纪守法？一贯诚实守信的人，人们都会说其道德品质是良好的，同时对其道德人格也会给予肯定，因为从道德认识、道德情感、道德意志来看，他都能做到真心实意、表里如一、言行一致。而不能做到诚实守信的人，人们一般都会说他的道德品质有问题，道德人格存在缺陷。所以，诚信道德不仅是良好道德品质的一部分，同时也有利于其他良好道德品质的形成。

（三）诚信道德有利于大学生立志成才

在整个大学阶段，高校应要求大学生根据现实社会条件的不断变化，努力使自己成为建设国家的人才。而在其自己立志成才的过程中，避免不了的要学习专业知识，在专业知识学习的过程中，离不开诚信道德品质，只有做到了诚信，大学生在学习的过程中才能脚踏实地，才会学到真正的知识。同时大学生在养成良好道德品质的过程中，也离不开诚信道德品质。所以，诚信道德有利于大学生立志成才。

（四）诚信道德有利于大学生将来立业

“立信才能立业”。一个人想要立足于社会，干出一番事业，就必须具备诚实守信的品德。拥有诚信品质的人能够诚实待己，面对自己的真实情况，既不狂妄自大，因旁人的赞美或奉承而忘乎所以；也不妄自菲薄，因他人的否定或偶尔的失败而自暴自弃。拥有诚信品质的人总能看到他人看不到的事实，达到他人达不到的成功；同时，易于与他人合作，增加获取成功的机会。所以，诚信有利于大学生毕业后走向社会，成就自己的事业。

第二节　责任意识的培养

一、责任与责任意识

（一）责任解析

责任，是每一个生活在一定社会关系之中的人与生俱来的职责和任务。作为确定的人、现实的人，你就有规定，就有任务……。无论是何人，都对自身、对他人、对集体、对国家和社会负有一定的责任。思想道德修养的过程，就是人们逐渐认识自己在人生成长中的责任，形成深刻的责任意识和责任感的过程。

责任，指的是一个人对工作、对群体和社会应尽义务的自觉状态。在中国思想史上，责任最初有两种含义：一是表示臣民对君王、帝王对“天”的尽职和效忠；二是表示个人应对自身行为的不良后果和过失负责。根据《汉语大词典》，“责任”一词有三重含义：其一，使人担当起某种职务和职责；其二，分内应做之事；其三，做不好分内应做的事，因而应承担的过失。在西方思想史上，苏格拉底把责任看作是“善良公民”为国家和人民服务所应具备的本领和才能。伊壁鸠鲁和亚里士多德等人阐发了责任是表示人应对自身行为的后果负责的思想。译成中文“责任”一词的英语单词有 duty，responsibility，capability，liabliity。其中 duty 译为“义务，职责，责任”；responsibility 译成“责任，责任感，负担，职务，任务，能力，可靠性”；capability 译为“应受处罚，有罪（行为）”；liability 译为“责任，义务，负担，不利，缺点，负债”。从以上由语义学角度对责任概念所做的分析中，可以看出其含义是在不断改变和发展的，即责任概念具有多义性，在不同的场合和环境中，有不同的含义。在一般日常生活中，“责任”一词被广泛使用，含义丰富，但归结下来不外乎实质和形式两方面的要素。

实质要素分为客观要素和主观要素。客观要素即义务，责任的产生基于对一定义务的违反，没有义务就没有责任；而义务的违反是一种事实状态，不以人的意志为转移，因而义务是责任的客观要素。主观要素即归责。义务之违反的事实是否必然引起责任的产生，这就取决于行为者主观上有无过错和社会对其所做的评价，表现为“谴责”“非难”“公平”“合理”。形式要素即负担或约束力，它是责任实质要素的外在表现形态，是责任得以存在和实现的要素。一个完整的责任概念，应当由客观、主观和形式三要素组成。根据义务的性质、归责的要求和约束力的形式不同，人们通常所说的“责任”可以分为三类：其一，基于道德义务之违反而以社会心理意识约束力为表现形式的道德责任；其二，基于纪律义务之违反而以社会团体约束力为表现形式的纪律责任；其三，基于法律义务之违反而以国家强制性为表现形式的法律责任。

总之，责任范畴是同人的规定、职责、使命和任务紧密相连的。马克思、恩格斯指出：作为确定的人、现实的人，你就有规定、就有使命、就有任务，至于你是否意识到这一点，那是无所谓的。

人有各种各样的需要，有相应的动机或曰欲望，希望得到满足。换句话说，人希望自己的意志和行为是自由的，不受约束。但是，心理需要的满足离不开物质和环境，意志和行为自由的主观离不开客观必然性的制约。在意识和行为中，人与客观世界的关系问题体现为自由与必然的关系问题。

人做什么或不做什么，表面看来是主观随意的，其实都在一定程度上受到客观必然性的制约。马克思在谈到人的行为选择时说过：“如果他要进行选择，他也总是必须在他的生活范围里面、在绝不由他的独自性所造成的一定的事物中间去进行选择的。”也就是说，个人不可能超越客观环境提供的可能性去随心所欲地选择做什么或不做什么。

首先，客观必然性制约着行为的动机。人们究竟以什么作为自己行为选择的出发点，他企图达到什么目的，跟他所处环境、时代的物质条件有关。马克思说：人类始终只提出自己能够解决的任务，因为只要仔细考察就可以发现，任务本身，只有在解决它的物质条件已经存在或者至少在形成过程中的时候，才会产生。古诗云：今人不见古时月，今月曾经照古人。在科技水平较为低下的古代，像诗仙李白那样想象力极为丰富的人，也未曾产生过乘宇宙飞船登月或坐飞机周游列国的动机。青藏高原的牧民也不会天天向往帆板运动的乐趣，夏威夷群岛的居民也不会想着要过上“天苍苍，野茫茫，风吹草低见牛羊”的生活。

其次，客观必然性制约着人们的行为方式，制约着人们实现目的的手段和途径。苹果熟了会从树上掉下来，人类的飞天之梦要在发明了功率强大的飞机之后才能实现。从广州到北京，明代赴京考试的书生要骑马或步行几个月，现在人们乘火车或飞机，只需一天或几个小时就可到达。

最后，客观必然性制约着人们的行为效果。目的能否实现，一方面取决于主观努力；另一方面受制于客观条件，俗话“谋事在人，成事在天”，说的就是这个道理，只不过它过分夸大后者的作用。在行动中，主观不努力，就如同守株待兔；不考虑客观条件，其后果就会是刻舟求剑、缘木求鱼。

然而，人生既有受制于客观必然性，受制于自然规律和社会历史条件的一面，也有认识客观规律，利用客观条件，自觉、主动地进行实践活动，进行选择和创造新生活的自由和能力的一面。审视人类文明，反思自己的人格——智慧、技能、情感、意志品质等，就会承认人类的意志自由。尽管它是相对的，然而也是宝贵的。它建立在人们对客观必然性的认识之上，人们只有认识了这种必然性，并积极主动地去实践、去创造，才能获得这种自由。

恩格斯说：“自由不在于在幻想中摆脱自然规律而独立，而在于认识这些规律，从而能够有计划地使自然规律为一定的目的服务”，又说，“意志自由只是借助于对事物的认识来做出决定的那种能力”。

人生既受客观必然性的制约，又有相对的自由，这两点规定了人生必须承担一定的责任。由于前者，人应当和必须做些什么或不做什么，而不能为所欲为、无所不为，亦即它规定了人生责任的必要性；由于后者，人能够选择做些什么和不做什么，而不能无所欲为、无所作为，亦即它规定了人生责任的可能性。认识人生，必须同时认识到这两点，缺一不可。如果人生完全受制于必然，个人没有丝毫自由，那么人生可以不承担责任，因为无责任能力；如果漠视人生的必然，夸大人生的自由，认为人是绝对自由的，可以为所欲为、无所不为，那么责任本身已不存在了，也就谈不上要负什么责任了，这种情况实际上是不存在的。鲁迅的小说《阿Q正传》的主人公阿Q曾飘飘然地说，他爱谁就是谁，他喜欢谁就是谁。可他实际上有这种自由吗？一个人，如果坚信自己至少还比阿Q高明一些的话，就应认识到，人生应当有所不为、有所必为。

（二）人我关系及其对人生责任的规定性

人我关系即一个人自己与他人的关系。它包括自然性的人我关系和社会性的人我关系。自然性的人我关系是人天生面临的一种人际关系，包括血缘关系和地缘关系。血缘关系主要有父母和子女关系，兄弟姐妹关系及由此衍生出来的血缘亲族关系。地缘关系是由于生长在同一地域而产生的关系，如同乡关系、邻里关系等。社会性的人我关系是人在后天的社会生活中，包括学习、工作、恋爱婚姻和其他社会交往中结成的关系，如同学关系、师生关系、夫妻关系、朋友关系等。

对每一个人，人我关系都是一种必然。首先，血缘关系和地缘关系是天生的，人不能选择自己的父母、种族、家乡和祖国。人不可能离群索居，必然在社会生活中和他人发生联系，尽管他人可能是张三，也可能是李四，但具体对象的不同并未改变人我关系的内容和性质。其次，在这种必然的人我关系中，每个人都扮演着一定的角色，它规定着个人应承担的责任，或曰义务。这种责任既是一种天然的规定，又是一种社会生活的要求；既体现了传统文化的积淀，又反映了时代的要求，具有时代特色；有的责任表现为风俗习惯和道德规范，也有的责任表现为法律和政治要求。例如：为人父母，就有抚育子女的责任；为人子女，就有赡养父母的义务。做教师的，要关心学生，诲人不倦；做学生的，要尊敬老师，学而不厌。夫妻间要互敬互爱，同事间要团结协作，朋友间要真诚守信，对一般的社会公共交往要具有人道主义精神，等等。人我关系中的这些要求，总括起来，用孔子的话说，就是“己所不欲，勿施于人”“己欲立而立人，己欲达而达人”；用德国哲学家黑格尔的话说，就是要“使自己为人并尊重他人为人”。

（三）人生的责任意识

1. 从责任到责任感

责任是外界条件对行为主体的客观要求，是对人的行为的外在约束和规范，是他律。人如果意识到这种责任并认同它、接受它，将外在的要求内化为内心的自觉意识，就成为责任感。这时，外在的要求转化为内心的自觉，他律转化为自律。

从责任到责任感的这种转化，第一步是行为主体对责任的认识。认识到客观世界及社会是人生的首要前提。在长期的进化和社会生活中，人类的认识能力有了极大的发展。这是人类和其他动物的重大区别。我国汉代学者王充说，“天地之性人为贵，贵其识知也”，认为人与禽兽不同的特点在于具有较高的认识能力。清代学者戴震在阐释孟子的性善论时说，“人以有礼仪，异于禽兽，实人之知觉大远乎物则然，此孟子所谓性善”，认为性善根源在于优势的认识能力。人类认识能力与人的责任感的这种关系，表明理性与感性、科学与道德都是相通的。

从责任到责任感的转化，第二步是行为主体对认识到的责任的认同和接受。对个人的心理与意识活动来说，如果第一步是认知过程，则这第二步是情感过程，前者是一种事实判断，人认识到“是这样”；后者是一种价值判断，人觉得“应该这样”。或是由于喜爱、或是由于敬畏，人把认识到的某种外在的要求承认为自身的一种必须，是自己之为自己而言不可或缺的东西，这样，外在的要求就转化为内心的自觉。人不再是被动地、消极地服从异己的力量，而是主动、积极地去承担和履行责任——它已成为人生不可或缺的一部分，成为人内心的一种需要，没有它，生命的皮囊就会像气球一样，轻飘而不踏实。

2. 责任感——人生的强大动力

当人在感情上认同和接受了责任，责任的要求便成为人之内心的一种自觉，成为人的社会性动机的内容，成为人生活的强大推动力。责任感对人生行为的推动作用，表现在以下几方面：

首先，责任感使人克服内心的某些情绪，产生努力奋斗的愿望和热情。对某些人，在人生的某些阶段或境遇中，由于种种原因，可能会感到无所可为，没有什么东西驱使自己去努力奋斗、去拼搏，久之，心灵有了惰性，变得疏懒，感到“没劲”、“无聊”、寂寞和空虚，这样，人生或因懒惰而无所作为，或走另一个极端，因耐不住无聊而胡作非为。相反，如果意识到人生的诸多责任，内心有强烈的责任感、使命感，就会全力以赴去履行责任，完成自己的使命。人生就会因此而充实，自然也就驱除了许多可能的烦恼。诸葛亮在其著名的《后出师表》中称自己要“鞠躬尽瘁，死而后已”，正是因为心中有强烈的责任感。

责任感使人在面临许多种选择时，做出取舍，选定道路，确定目标。因此可以说，责任感是人生的向导。世界是丰富多样、复杂多变的，人生总是面临着许许多多的可能。可以说，人生的每一阶段，都面临着十字路口。做什么不做什么？先做什么后做什么？什么为主什么为次？对富有责任感的人来说，做出选择并不难：人总是要先做必须做、应该做的事，然后才做其他的事。否则，就会本末倒置，无所适从。须知，人生责任不会因为人没有责任感而消失，正如在“掩耳盗铃”过程中，铃声不会因那人掩起耳朵而消失。没有责任感，漠视责任而行事，其后果也和掩耳盗铃差不多。

其次，责任感使人产生坚韧不拔的意志和坚持不懈的恒心。强烈的责任感、使命感使人觉得必须完成某种事业，产生不达目的绝不罢休的决心，以及克服困难、百折不挠的毅力。司马迁因替人辩护而被处以腐刑，身心受到极大伤害。他在著名的《报任安书》中，谈到自己的痛苦：“仆以口语遇遭此祸，重为乡党所笑，以污辱先人，亦何面目复上父母之丘墓乎？虽累百世，垢弥甚耳！是以肠一日而九回，居则忽忽若有所亡，出则不知其所往。每念斯耻，汗未尝不发背沾衣也。”在这样的处境中，司马迁没有沉沦。是什么支撑着他呢？是写出《史记》，以“究天人之际，通古今之变”的使命感。

二、人生责任的基本内容及特征

（一）人生责任的基本内容

人生责任的基本内容可从以下三个维度来审视：

1. 第一个维度：对自我负责

人对自我负责，即是对自己的人生历程负责，其基本的要求就是珍惜生命，并追求有价值的生命，具体来说，可概括为自爱、自尊、自律、自强。

自爱，即爱惜自己的身体、人格和名誉，是人生自我责任的基础。做人的责任意识最初是从每个人对自己的生命爱护的原始欲望，逐步发展为社会性自爱的责任意识的过程。它包括两个阶段：第一，求生存的原始欲望，从而派生出人的自我保存的内在要求。第二，自觉的人格追求，这是伴随人的青春期而来的根本性转变。此时，人的自爱意识已经发展到一种新的境界，渴望被他人接受，被他人理解。只有进入这种境界，自爱才具有行为责任的意义。

自尊，是与自爱紧密联系在一起的一种自我肯定的态度。自尊表现为承认和重视自我在社会中的存在价值，喜欢和热爱自我的情绪以及接受自我的意向。一个人如果缺乏自尊就没有人格的追求，就无法体现其个性，也就否定了自己的存在。自尊为自我责任的确立打下坚实的基础。

自律，表现为主体自觉地按照“应当如何”的要求对自己的行为所产生的约束力，体现了一种深刻的理性精神。要真正做到自爱、自尊，就必须能够并且善于选择自己的行为，自觉地约束和控制与责任目标不符合的行为。只有达到自律，才会成为一个有教养的、高尚的人。

自强，是自爱、自尊、自律的升华。它既是人对自己能力和行为所产生的信任和感情，也蕴含着一种不满足的现状、不断向上的奋进精神，是行为者对自己提出的内在要求。正是因为有了这种积极奋进的精神，才使得自我责任处于一种自觉的、积极的状态中，而不是消极被动的。因此，在履行人生自我责任的过程中，自强不仅包含深刻的自我批评精神，同时，也为我们实现自我责任提出新的目标，并要求为此做出不懈的努力和奋斗。

2. 第二个维度：对他人负责

个人必须对他人承担一定的责任。个人能够在社会中生存，是因为有他人的存在。如果没有他人的存在，社会就不成其为社会，个人也不能存在。人与人之间的这种相互依赖性，在生产力低下的原始社会是如此，在具有社会化大生产特征的现代社会更是如此。这就决定了人与人之间必须相互承担责任，每个人的生存都依赖于他人对其负责，是他人对其负责的结果。同样，个人的发展也必须依赖他人的帮助。个人的知识和能力不是先天就有，不是无所不知、无所不能，而是需要他人的帮助和教化。个人的成长进步是受惠于他人对其负责的结果，因此，任何人也都有责任帮助他人发展。在人生价值的实现过程中，既需要个人主观努力，也有赖于他人的配合和协作，这在科学技术迅速发展的今天，更是如此。而且人生价值的内容本身，就包含着对他人承担一定责任。

个人对他人负责最集中表现为人生的角色责任，或是人际关系中的角色责任。人生的角色责任是人们在社会中，由于扮演不同的社会角色所承担的职责和任务。人际关系中的角色责任是人与人之间的社会关系中的角色责任。在现实社会关系中，每个人都要扮演一定的角色，都有该角色所担负的职责和任务。这种社会角色有自然性人际关系带来的，有社会性人际关系引起的。

个人对他人的责任最基本的要求是：关心他人，帮助他人。社会中的每一个体，都应该同情、关心、爱护其他社会成员，特别是应该关心周围的普通劳动者、普通知识分子、普通妇女儿童等。要关心和帮助他人的成长与进步，将自己的人生经验、学识和技术等毫无保留地传授给他人。同时，也要真诚地帮助他人改正其缺点和错误。若害怕批评得罪人，对他人的缺点和错误视而不见、听而不闻，明知不对、少说为佳，这实际上是一种对他人不负责任的表现。有许多人，由于各种主观和客观原因，陷于各种灾难、困苦、不幸和失意之中。对于身陷逆境的人，尤其是那些因受到不公正待遇而处境困难、生命垂危，以及遭遇各种挫折打击而受到很大痛苦的人，要给予更多的关心，尽力帮助他们解决困难、消除痛苦，并在精神上给他们以慰藉和鼓舞，以增强他们战胜困难的信心和勇气。关心和帮助他人，还意味着要以言论和行为来制止那些危害他人生命、财产的行为，与危害他人利益的人做坚决的斗争。但是，对于一切愿意接受教育改造的人，则同样给予关心和帮助，促使他们重新做人。

3. 第三个维度：对社会负责

人生的社会责任是一个人对祖国、对民族、对人类的繁荣和进步，对他人的生存和发展所承担的职责和使命。在社会生活中，个体承担对社会的责任是一种客观必然。

首先，“忠诚祖国，振兴中华”是当代个人对国家和民族负有的历史责任的首要使命。爱国主义是人们千百年固定下来的对自己祖国的一种最深厚的感情。这种感情使人们把个人和祖国的命运联系在一起，履行对祖国的义务，努力去维护民族的独立、生存和发展。它是一个民族团结奋斗、自强不息、蓬勃发展的牢固精神支柱和强大动力。中华民族素有爱国主义的光荣传统。“天下兴亡，匹夫有责。”强烈的爱国主义情感是激励世代中华儿女为中华民族进步、振兴而前赴后继的巨大精神力量。今天，在社会主义条件下，面对着世界范围内第三次技术革命浪潮的冲击以及世界各国综合国力的比较和竞争，建设现代化的社会主义强国，使中华民族奋起腾飞，走在世界民族之林的前列，则是摆在全体中国人尤其是青年一代面前光荣而艰巨的伟大历史使命。

以“忠诚祖国，振兴中华”为己任，就要把个人奋斗的目标融会到全国人民所追求的共同目标和崇高理想中，献身于建设社会主义现代化事业，献身于促进和维护祖国的统一事业，不断地学习，掌握先进的科学技术，成为现代化建设的内行、专家和创造者。

其次，“服务人民，奉献社会”是个人的基本职责。其基本要求是：第一，一切要从人民的利益出发。个人要把人民大众的利益和社会的整体利益摆在首位，置个人利益于大众的整体利益之中而不是凌驾于其上；个人利益服从大众的整体利益，在必要的时候，为了大众的整体利益，甚至自觉牺牲个人利益。第二，一切向人民负责。个人的一切言论行为，要力求给人民带来益处，凡是有益于人民的事情，能够减轻和解除人民疾苦的事情，就应当尽力去做；凡是有损于人民的利益，给人民带来或加重痛苦的事情，应当避免和反对。第三，无论个人在社会从事何种职业，承担什么角色，都必须奉行“服务人民，奉献社会”的准则，做到爱岗敬业、诚实守信、办事公道，遵守职业道德，去除以权谋私、以业谋私等不正之风。

最后，对人类的未来负责，是个人对社会的最根本责任。人类社会赋予无产阶级的伟大历史使命是“无产阶级只有解放全人类，才能最后解放自己”。历史上只有无产阶级的阶级利益同全人类的根本利益是一致的，能够在铲除剥削制度的斗争中创造客观条件，消灭一切不道德现象的根源和后果，真正对全人类的共同命运和共同发展负责。

对人类的未来负责，要求每个人都要致力于个人的完善与全面发展，致力于帮助他人完善和发展，致力于全体人民的完善和发展，由此推动社会的繁荣进步。今天，作为中国人，我们应当致力于把中国的事情办好，就是争取中国对人类、对世界有较大的贡献，对人类的未来负责。

（二）人生责任的特征

人生在社会历史运动中存在，人生在人我关系的世界中展开，人之本质决定了人生责任的主要特征。其具体表现为：

第一，人生责任具有客观性。人生责任是社会生活对他的客观要求，每个人对他人、对社会必须承担起一定的责任，否则会受到社会舆论的谴责以至于法律的制裁。人生的责任是绝对的。每个人都必须对他的一切负责，因为他同时也必须对他的环境负责，对影响他自我负责的一切社会条件负责；同时，社会必须给每个人以自我负责和对社会负责的条件和主动权利。

第二，人生责任具有能动性。这种能动性来自人的思维能力。人们进行一切活动都是有意识、有目的的，所以在实现人生责任的过程中，在自己行为的选择上以及行为的后果上，都体现了主观能动性。正是由于个人是客观存在的具有相对独立性的人，才导致个人对自己行为意义的认识、几种行为的选择、行为过程的规划等，都有自己的主观能动性，而不是像机器那样由他人操作，所以个人必须对自己的行为承担一定的责任。也正是因为这，我们才应该信奉这样一句话："我们面临着抉择，就是说，我们面临着责任。"个人面临的抉择，就是对社会承担一定的责任。

第三，人生责任具有明确的规定性。人在社会生活中所应担负的责任是有明确的规定性的，这种规定性有的见之于文字，有的则没有见之于文字。见之于文字的规定性和没有见诸于文字的规定性，在现实生活中，它都是明确的，必须承担的。从人在社会中所扮演的职业角色来看，凡是有劳动能力的人，都要从事一定的社会劳动，选择一定的具体工作；而凡是社会发展所需要的社会工作，都必然客观地形成自己的职责范围和特殊任务，为其他的职业工作所不能代替，这就使得社会分工体系中的每一种具体工作的责任都有明确的规定，不管这种责任是否成文，都为社会公认，都是每一个人开始工作之前就明确的，在工作之中必须承担的。

第四，人生责任具有一定的强制性。人生责任的强制性表现为法定和非法定两种情况。法定的强制性，一般来说比较严格；不法定的强制性，相对来说只是比较严肃。但是，不管是法定的强制性还是非法定的强制性，都有强制性，只是程度不同而已。这种强制性，一是要求人们担负责任，二是追究人的不负责任的过失。例如社会中各行各业的具体责任，其表现虽然相互不同，各有各的特殊要求，但它们都是社会分工体系的组成部分，共同分担着整个社会的责任，每一项具体的责任都直接关系到其他方面责任的实现。越是在现代社会里，越是在分工精细的情况下，这种具体的活动就越是处在系统的制约之中。社会要维系自己的正常协调的良性运转，就要用强有力的手段来保证各项具体责任的实现，以推动整个社会的发展。在这种情况下，如果有谁没有担负起责任，就要追究谁的责任，这本身就是强制性的表现。

第五，人生责任具有与权利、自由的统一性。马克思主义强调，个人的权利与义务（责任）之间，存在着辩证统一的关系。一方面，个人的行动自由权利是他的社会义务、社会责任的必要前提。"一个人只有在他握有意志的完全自由去行动时，他才能对他的这些行为负完全责任。”如果没有权利，就不可能或不应当存在行为的责任，也不会产生对社会的义务和责任。因此，任何社会成员在为社会尽义务、履行社会责任时，必须以拥有一事实上的权利为前提。另一方面，从来就不存在拒绝一定社会义务和责任的抽象的主体权利。任何理智而清醒的社会成员，当他们在一定条件下形成直接的社会权利要求进而转化为法定权利时，总是相应地承担社会义务，使自己的行为及权利尽可能符合社会一般意志的要求。因此，马克思的结论是：没有无义务的权利，也没有无权利的义务。

第六，人生责任具有与物质、精神生活的相关性。利益的相关性一般表现为：担负的责任大，相对来说获得物质利益就多；反之，担负的责任小，相对来说获得的物质利益就少，两者是一种正相关的关系。这种与物质利益相关的责任，主要表现在人的职业责任之中。这是因为，物质利益原则是现阶段推动生产力发展的、基本的、持久的动力，它与个人的责任是密切联系在一起的。一个人在工作活动中所承担责任的大小和在工作活动中完成责任的好坏，将决定着他将获得物质利益的多少。人生责任还具有与精神生活的联系性。这种与精神生活的联系性较之于与物质利益的相关性，范围更广泛，意义更深刻。人生责任与精神生活的联系性，表现为尽责任的程度与精神生活的充实程度成正比关系。如果一个人尽的责任多，那么，其精神生活就比较充实；同样，在尽责任的过程中，努力的程度大，其精神生活也比较丰富。即使是物质生活差一些，其精神也比较快乐。

三、人生责任的履行

（一）增强责任心，强化责任感

责任感是关于责任的承担和承诺的履行，是一个人对自己的言论、行动、许诺等持认真、积极主动的态度而产生的情绪体验和反应。责任意识是人的自我意识中最基本、最深的层次。自我的本质，就在于它是一定社会关系中的责任主体。因此，一个人只有深刻地认识和体验到个人的生存和发展依靠社会的发展和别人的劳动，以及社会的发展也离不开每个人的共同努力，他才会产生“国家兴亡，匹夫有责”的历史责任感，也才会把“人人为我，我为人人”落实到行动，才会从我做起、从现在做起，自觉承担起对社会、对他人的责任。一个行为只有当它出于对社会和人民利益的责任时，才具有道德价值；一个人只有出于责任，履行责任，对社会和人民做出贡献时，才能实现其价值。这就需要社会对其社会成员进行坚持不懈的教育，不断强化每一个人的责任意识，完成责任从他律性向自律性的飞跃，从而使责任主体“从心所欲不逾矩”地服从责任、履行责任。

道德就是履行责任。在这个意义上，不论以往的道德教育以何种形式出现，我们都可以说，道德教育实际就是责任教育，就是教人负责地行动。因此“责任教育在历史上始终占有重要的一席之地”。德国古典哲学创始人康德，把责任作为道德哲学的核心，开了义务伦理学的先河。中国历来重视责任教育。尧舜禹汤文武的“卑宫室而尽力乎沟洫”，孔子的“当仁不让”，顾炎武的“天下兴亡，匹夫有责”，李大钊的“铁肩担道义”等，无不显示着对国事民情的崇高责任感。

如果说，责任的重要使责任教育成为永恒，那么，现实中见惯不惊的责任丧失则使责任教育变得刻不容缓。即使不能完全否认我们在道德上已经取得的效果，但也必须指出：社会公德失落、职业道德下滑、家庭道德混乱、生态观念淡漠是不争的事实。面对血泊中的求救者，有人竟然从容地讨价还价；见义勇为者却因救火毁容而遭受百般歧视；医生误把手术刀遗忘在患者腹中；大学生硫酸泼黑熊；“跟着感觉走”造成离婚率居高不下；风烛残年的老人和身患残疾的幼童被遗弃街头；大气污染的恶果是地球臭氧层日益稀薄；乱砍滥伐、破坏植被导致土地严重沙化，沙尘暴肆虐；等等。社会保证每个成员的选择权利，但同时要求人们为自己的行为负责，以维护社会安定，保证人际和谐，保护生存环境，完善人的德性。

（二）忠于职守，培养敬业精神

事业与职业往往具有十分密切的内在联系，在很大程度上，职业是事业的基础。相对职业来说，忠于职守，具有敬业精神是最基本的职业道德，同时，也只有具备这种基本职业道德，才有可能使职业向事业升华。发展社会主义市场经济，必须对人才合理配置问题提出新的要求和挑战，但是，越是完善的市场经济就越是要求从业人员有强烈的工作责任感，不管从事哪种工作，只要在岗位一天，就要忠于职守，具有敬业、精业、乐业精神。

早在春秋时期，孔子就提出“敬事而信”。后来《礼记·学记》更明确提出“敬业乐群”一语。其所谓“敬事”“敬业”均指的是聚精会神、全心全意地做好自己的工作。朱熹曰：“敬者何？不怠慢、不放荡之谓也。”这种“不怠慢、不放荡”的敬业精神，正是从业人员搞好本职工作所应具备的思想品格。故朱熹又曰：“敬字工夫，乃是圣门第一义……无事时，敬在里面；有事时，敬在事上，有事无事，吾之敬未尝间断。”只有做到“敬业”，才能产生巨大的思想动力，进而达到乐业，自觉地“乐事劝功”，并由此产生“勤业”意识。“勤”就要舍得花力气，不惜“劳其筋骨，饿其体肤”；“勤”，就要百折不挠，勇往直前，以“人一能之己百之，人十能之己千之”的拼搏精神，艰苦奋斗，自强不息。故荀子曰：“良农不为水旱不耕，良贾不为折阅不市，士君子不为贫穷怠乎道。”“勤”又是与“精”联系在一起的，“勤”是“精”的先决条件。故韩愈曰：“业精于勤，荒于嬉；行成于思，毁于随。”只有做到“精勤不倦”，才能达到“精益求精”的境界。总之，敬业、乐业、勤业、精业意识，是搞好一切工作的思想基础。从业人员只有具备这一品格，才能做好本职工作。这种敬业精神，对我们今天的职业道德建设仍具有十分重要的借鉴意义。

在市场经济条件下，竞争激烈复杂，市场变幻无穷，新产业不断涌现，夕阳行业无情地被淘汰，因此人员一定的流动性是不可避免的。但这并不等于说在商品经济条件下，人们可以蜻蜓点水般地在各个行业间跳来跳去，劳动者不需要爱岗敬业的精神。就以资本主义国家发展的历史而言，商品经济的早期发展仍然得力于某种文化氛围形成的敬业精神。

（三）艰苦奋斗，实现人生责任

奋斗，原意是“奋力格斗”，《宋史·吴挺传》中有这样一句话：“金人舍骑操短兵奋斗，挺遣别将尽夺其马。”引申义是为实现特定目标而做不懈的努力。奋斗在人生责任的实现中，是一个重要的手段和巨大的杠杆。

随着社会的不断进步和发展，人们选择职业与从事事业的空间和内涵都在扩大、丰富。从“跳槽热”到人才流动的合理化，表明人们的观念在悄悄地改变，这在一个社会由封闭走向开放的过程中，无疑具有进步的意义。固然，成功的事业离不开正确的选择，而所谓“正确”至少包括两个基本方面：一是符合社会发展的客观规律，最大限度地满足社会需要；二是客观地扬己之长、避己之短，能发挥自己最大的优势。但是，成功的事业并不能只停留于选择，能否成功的关键还在于是否对自己的选择付出努力、做出奋斗。而且应该看到，这个过程是没有平坦的大道可走的，必然遇到各种困难和挫折，甚至失败。因此，对事业有强烈责任感的人，既要善于选择，又要敢于为选择拼搏，同时要有长期吃苦耐劳、艰苦奋斗的准备和勇气。任何事业的成功，都不是唾手可得的，而是需要自觉进取、扎实从事的。青春期的个性特征在一定意义上决定了青年人比较容易缺乏意志力，尤其在优越的生活条件下成长的人更明显。

第三节 爱国主义与民族团结观的培养

一、爱国主义与民族精神

（一）中华民族精神的内涵

1. 爱国主义

中华民族在5000多年的发展中，爱国主义始终发挥着民族精神的核心作用，不仅创造了举世闻名的灿烂文明，而且渡过了一个个救亡图存的历史难关。正是出于对祖国的热爱，对祖国主权和利益的捍卫，才有我们今天繁荣稳定的局面。

热爱祖国是贯穿中国历史发展的一条主线，也是中华民族精神的核心。中国人民在党的领导下，在革命和建设的实践中，创造和培育了以爱国主义为核心的“井冈山精神”“长征精神”“南泥湾精神”“延安精神”“大庆精神”“北大荒精神”“抗美援朝精神”“雷锋精神”“‘两弹一星’精神”“抗洪精神”“航天精神”等新的民族精神。弘扬和培育民族精神，要立足于中国特色社会主义建设事业的伟大实践，不断丰富民族精神的内涵，使民族精神得到大力弘扬。

2. 团结统一

团结统一是中华民族的立身之本。中华民族素以重视整体利益而著称于世。

在漫长的历史发展过程中，各族人民共同劳动、生活，一起守护着祖国的大好河山，进而形成了团结统一的民族精神。

“四海之内皆兄弟”和“四海之内若一家”正是中华民族追求团结、呼唤统一的最好体现。

3. 爱好和平

几千年来，中国人始终重视“与人为善”“推己及人”，建立和谐友爱的人际关系。始终重视“亲人善邻、协和万方”，形成平等相待、互相尊重的睦邻友好关系。“和”的思想不仅深深地融入中华民族的血脉里，而且得到了世界上许多民族的尊重和赞同。热爱和平是中华民族精神的崇高体现。不管是过去还是现在，中国人民都秉承了这种精神，正因为如此，中华民族在世界上享有“和平的民族”之誉，中国人民享有“和平的使者”之称。

4. 勤劳勇敢

勤劳勇敢是中华民族的优良品格。中国人民历来视勤劳为安身立命之本，强调“民生在勤，勤则不匮”，同时又主张勇往直前。正是这种勤劳勇敢的创业精神和传统美德，夯实了中华民族绵绵不绝的生存根基。在几千年的发展中，她以繁荣的经济、灿烂的文化艺术和光辉的科学技术成就自立于世界民族之林，形成了自己丰富独特的民族文化传统。今天我们倡导这种精神，就是要充分调动全体人民的积极性、主动性和创造性，艰苦奋斗，开拓创新，再造辉煌。

5. 自强不息

《易经》有云：“天行健，君子以自强不息。”从古至今，自强不息的精神深深熔铸于中华民族的灵魂之中。

（二）大力弘扬和培育民族精神

1. 中华民族精神的弘扬

2018 年 3 月 20 日，习近平总书记在十三届全国人大一次会议上发表重要讲话，热情讴歌和深刻阐述了中国人民在书写波澜壮阔的中华民族发展史、创造博大精深的中华文明进程中，培育出来的历久弥新的中华民族精神，这就是伟大创造精神、伟大奋斗精神、伟大团结精神、伟大梦想精神。讲话强调，有这样伟大的人民，有这样伟大的民族，有这样伟大的民族精神，是我们坚定“四个自信”的底气，是我们风雨无阻、高歌行进的根本力量。大力弘扬伟大民族精神，必将为实现“两个一百年”奋斗目标提供强大精神动力。

现实中国是历史中国的发展。我们不应当割裂历史，也不能割裂我们的历史。毫无疑问，几千年来民族发展的宝贵精神遗产，是我们不可多得的精神资源；继承和弘扬这笔民族的精神遗产，是我们实现民族伟大复兴的重要力量，也是我们自立于世界民族之林的精神旗帜。那么我们应当弘扬什么样的民族精神呢？伟大民族精神是夺取新时代中国特色社会主义伟大胜利的党和人民心中光芒四射的灯塔。始终发扬伟大创造精神，辛勤劳作、发明创造，就一定能够创造出一个又一个奇迹；始终发扬伟大奋斗精神，革故鼎新、自强不息，就一定能够达到创造人民更加美好生活的宏伟目标；始终发扬伟大团结精神，团结一心、同舟共济，就一定能够形成勇往直前、无坚不摧的强大力量；始终发扬伟大梦想精神，心怀梦想、不懈追求，就一定能够实现中华民族伟大复兴。

2. 中华民族精神的培育

民族精神的“弘扬”，主要是指在实践中“发扬光大”已有的民族精神，包括中华民族在古代形成的传统精神和中华民族在近代形成的革命精神。而民族精神的“培育”，则包括两个方面：一是用已有的民族精神来教育、熏染青少年乃至整个国民，二是培育前所未有但又是现在或未来所需的新的民族精神。“弘扬”强调的是在实践中弘扬民族精神，“培育”侧重于民族精神的文化心理之“建构”。“培育”不仅仅包括现有民族精神的传播，更包括新民族精神的形成。所以民族精神的“培育”内涵不仅指已有的民族精神，也指新生的民族精神。

二、爱国主义与弘扬时代精神

（一）时代精神的内涵

时代精神，是一个民族进步的精神动力。中国革命和建设的每一次胜利，都与其形成的时代精神密切相关。在100多年奋斗的各个历史时期，先后形成了井冈山精神、延安精神、雷锋精神、焦裕禄精神、孔繁森精神、“两弹一星”精神、航天精神等一系列闪烁着时代光芒的伟大精神，影响和激励着一代代中国人，深刻地改变了一个个时代的面貌。

时代精神的内涵十分丰富，其中改革创新居于核心地位：一是弘扬以改革创新为核心的时代精神，必须大力推进理论创新、制度创新、科技创新、文化创新以及其他各方面的创新。实践基础上的理论创新是社会发展和变革的先导。要使我们的事业不停顿，首先理论上不能停顿。其次，制度创新是其他一切创新的重要保障。再次，科技创新能力是国家竞争力的核心。最后，大力推进文化创新是繁荣发展社会主义先进文化的需要。二是弘扬以改革创新为核心的时代精神，要自觉投身于改革创新的伟大实践。创新的基础在人才，弘扬改革创新的时代精神，必须培养一大批具有创新精神的人才。要在全社会形成尊重人才、吸引人才、用好人才的制度环境、文化环境和舆论环境，努力为培养创新型人才营造良好的社会氛围。

（二）民族精神与时代精神的关系

民族精神和时代精神既相互区别，又相互联系。民族精神集中表现在一个民族的生活实践和精神生活中，是一定民族的社会存在的反映。而时代精神则体现在一个时代的生活实践和精神生活中，是一定历史时代的社会存在的反映。同一时代精神可以表现在不同民族的社会意识中，使其带有民族的特色。同一民族精神在不同的历史时代会不断丰富、发展，使其具有时代的内涵和特点。时代精神具有民族性，民族精神具有时代性，二者相互交融。时代精神和民族精神都是代表历史发展、引领社会前进的强大精神力量，所以，可以说，两者在本质上是有机统一的。

三、加强对大学生爱国主义教育与民族精神的培育

（一）当代大学生对爱国主义和民族精神的认识

对“爱国主义”这一概念，当代大学生是既熟悉又陌生的。当代大学生的爱国主义情绪有着自己的特点：模糊性与不成熟性，凹凸性，高传导性和可建设性。大学生爱国主义情绪对社会运行有着正负两方面的功能。随着个人阅历的丰富和社会化进程的逐步推进，大学生的爱国意识有了迅速发展，但是由于认知能

力、自我调控能力和知识经验的局限，大学生的爱国主义情绪具有模糊性、不成熟性的特点，同时，其感性认识与理性认识相互交织，对爱国主义的认识不够深刻、不够稳定，爱国主义意识对行为的调控能力有限。

总体上，当代大学生有认同和秉承民族精神的优秀成分，并且体现出以下几个特点：第一，当代青年有强烈爱国主义精神；第二，当代青年有高度的理性精神；第三，当代青年有求真务实的精神。20 世纪 90 年代以来，青年把对民族文化的认识同国情结合、与改革的实践相联系，逐步走上了文化理性。尤其是实现恢复对香港、澳门行使主权等一系列重大事件，极大地激发了广大青年的民族自尊心和自豪感，青年的爱国情感得以凝聚，民族意识愈加激发，经过多年的比较、辨识和选择，民族精神已经得到当代青年的普遍认同和坚持，已经成为他们共同的精神价值追求和意识。

历史和现实证明，培育民族精神离不开爱国主义教育。爱国主义教育是与国俱存又与时俱进的。

（二）培育大学生爱国主义和民族精神

中华民族几千年来，虽然在历史上合合分分、分分合合，但主流和主导的趋势是联合、是统一。学过中国历史的都知道，历史上的杰出人物，如秦皇汉武、唐宗宋祖乃至清朝的康熙皇帝等，正是符合各族人民的统一意愿并得到了人民的支持，才为国家的统一创造了不朽的业绩。由此可见，中华民族的团结统一具有深厚的民族情感和历史基础。

我国是个多民族的国家，自秦始皇统一中国以来，伟大的中华民族就一直保持着统一的历史。20 世纪 50 年代后，各族人民第一次真正成为国家的主人。因此，在中国共产党的领导下，维护民族团结，促进祖国统一，这不仅是每个中国人的职责和义务，也是每个中国人正确处理个人对民族、个人对国家、民族对民族、民族对国家的新时期爱国主义的重要内容。

对大学生进行爱国主义教育，首先要对大学生进行历史教育，使其从中华民族发展的历史中汲取丰富的爱国主义营养。其次，要使爱国主义与社会实践活动相结合。社会实践对大学生了解社会、了解国情，增长才干、培养品格，增强爱国情感和社会责任感，具有不可替代的作用。

在培育大学生民族精神和爱国主义的同时，每一个大学生都要坚持从自己做起，从现在做起，从一点一滴做起，把对祖国、对人民深沉的爱，把个人的远大理想和抱负，化作励志图强、报效祖国的实际行动，为建设民族精神、时代精神大厦添砖加瓦。一切思想文化阵地、一切精神文化产品，各类主题宣传教育、各类精神文明创建活动，都要积极传播民族精神、时代精神，大力讴歌民族精神、时代精神，发扬爱国主义精神。

在培育大学生民族精神和爱国主义思想的同时，更应该教导他们理性爱国。爱国应该是理性而不狂热。爱国主义中的确存在着可能的非理性因素，爱国主义者容易在维护民族尊严和国家利益的同时，产生孤立主义、对抗意识和保守排外的思想倾向。每当国家之间发生突发事件以来，以殴打外国留学生、冲击日本料理店来表达爱国主义情感的时候，我们需要仔细地甄别，这是不是真正的爱国主义？这个时候，我们应当旗帜鲜明地做出回答：这不是理性的、真正的爱国主义，我们要与这种狂热划清界限。

开放而不狭隘。真理再走一步就成了谬误。如果我们对自己的民族的热爱过了头而导致狭隘的优越感，则这种爱国主义就有被人利用为反对改革开放的武器的危险性。当代中国的爱国主义不应该狭隘地故步自封，而应当具有兼容并包的雅量，在传承中华文明优良传统的基础上，乐于接纳人类普世价值，大力倡导民主、自由、法治和人权；不应该狭隘地抱残守缺，而应当敞开胸怀吸纳世界上一切优秀的文明成果为我所用，使自己强盛起来，并为世界的和平与发展做出贡献。

理性而不狂热，开放而不狭隘，这便是和平发展的中国所需要的爱国主义的主要特征。这种爱国主义，符合中国的利益，也符合世界的利益。

民族精神和爱国主义与祖国的前途、命运、发展紧密联系在一起，而大学生就是祖国的未来，所以，民族精神培育和爱国主义教育对大学生是不可或缺的。

四、加强大学生的民族团结教育观

（一）在道德素质教育中加强民族团结教育的重要性和紧迫性

民族大团结是实现中华民族伟大复兴的根本保证。历史充分证明，民族大团结同巩固我国的边疆、保持社会稳定、实现国家的长治久安、推进社会主义和谐社会建设等事业息息相关。因此，我国各族人民应共同担当起维护民族团结和祖国统一的神圣义务。为强化民族团结和祖国统一的思想意识，全面推进构建社会主义和谐社会的发展，我们迫切需要在道德素质教育中加强对全社会的民族团结教育。

首先，在道德素质教育中加强民族团结教育是防范境内外敌对势力分裂祖国图谋的迫切需要。近些年来，境外极端势力、民族分裂势力和国际恐怖势力同境内民族分裂主义分子疯狂进行分裂中国的违法犯罪活动。境外敌对势力还在意识领域向我国大举进攻，利用各种途径日益向我国境内进行思想和文化渗透。他们在我国边疆少数民族地区发展和培植民族分裂主义分子，企图把这些地区作为他们从事分裂中国活动的桥头堡。对境内外敌对势力的分裂破坏企图，我们始终不能放松警惕，必须做好反对民族分裂斗争的长期思想准备。为此，我们在道德素质教育中迫切需要加强民族团结教育，充分发挥思想道德素质教育的导向功能，打牢全国人民反对民族分裂、维护民族团结、社会稳定和祖国统一的思想基础。

其次，在道德素质教育中加强民族团结教育是加快少数民族和民族地区经济社会发展的迫切需要。在党的民族政策的正确指引下，民族团结进步事业蓬勃发展，少数民族地区经济社会发展取得了举世瞩目的辉煌成就。在现阶段，加快少数民族和民族地区发展是我国民族工作的主要任务，是解决民族问题的根本途径，是党的民族理论与民族政策的根本出发点和归宿，是社会主义制度的本质要求，也是加强民族团结、维护祖国统一的必然要求。只有加快发展，才能解决民族地区存在的所有困难和问题。如果民族地区不断遭到境内外敌对分子的分裂破坏，从而挑起民族冲突与社会动荡，则过去所取得的成就很可能就会丧失殆尽。当今，民族地区虽然经过改革开放多年的发展，经济社会事业取得了巨大成就，但和沿海与中部地区的发展相比，仍有较大的差距，发展的潜力还没有被充分挖掘出来。由于自然和历史原因以及少数民族薄弱的市场意识与致富理念，民族地区经济社会发展仍然相对滞后。维护民族地区社会稳定是民族地区经济社会发展的前提条件。只有民族团结，才能维护社会稳定；只有社会稳定，才能推动经济社会向前发展。因此，我们在道德素质教育中必须加强民族团结教育，充分发挥道德素质教育的保证功能，为民族地区经济社会发展创造良好的舆论环境。

最后，在道德素质教育中加强民族团结教育是促进民族团结，构建社会主义和谐社会的迫切需要。在我国，民族大团结事关各族人民的根本利益，维护民族团结有着特别重要的意义：其一，民族团结是国家统一的重要保证。只有实现了民族团结，才能维护国家统一。没有民族团结，必然是民族矛盾、冲突不断，导致国家四分五裂、一盘散沙。其二，民族团结是社会稳定的重要前提。只有实现了民族团结，社会才能安定和谐，人民才能安居乐业，国家才能长治久安。其三，民族团结是各项社会事业发展的重要保障。各民族只有团结一心，才能聚精会神搞建设，一心一意谋发展，使经济社会取得长足进步、各族人民生活不断得到改善。社会和谐是中国特色社会主义的本质属性，是国家富强、民族振兴、人民幸福的重要保证。社会主义和谐社会既是充满活力的社会，也是团结和睦的社会。而平等、团结、互助、和谐的民族关系，正是社会主义和谐社会的重要组成部分。因此，构建社会主义和谐社会迫切需要我们加强民族团结教育，始终坚持反对民族分裂，坚定不移地维护祖国统一和社会政治大局稳定。近些年在处理民族关系中，由于对经济利益矛盾的调处不当，或因对党的民族政策执行不力，引发了一些民族纠纷。更有甚者，一些普通的民事纠纷因境外敌对势力的挑拨与煽动，而成为境内外民族分裂主义分子制造暴力事端的借口。这些民族纠纷的产生，更加警醒我们需要广泛而深入地开展民族团结教育。在思想道德素质教育中加强民族团结教育是反对民族分裂、处理好民族关系的重要举措。因为民族关系始终是我国社会政治关系的重要方面，直接影响党和国家的全局。正确协调和处理汉族和少数民族之间的关系，巩固和发展平等团结互助和谐的社会主义民族关系，形成各民族团结奋斗、共同繁荣的局面，实现各民族和睦相处、和衷共济、和谐发展是构建社会主义和谐社会的必然要求和重要使命。

（二）道德素质教育中民族团结教育的主要内容

1. 中华民族的形成与“多元一体格局”

我国作为一个统一的、宪法上保障民族平等的多民族国家，各族民众对“中华民族”的高度认同，是加强民族团结、提高国家凝聚力和对外竞争软实力的最重要的基础。

在中国民族发展史上，出现过多元化的民族过程，主要有华夏诸族群聚合为汉族的民族过程，相关族群聚合为蒙古族、维吾尔族、藏族、回族、满族、壮族、瑶族、苗族、彝族等中国少数民族的民族过程，大量少数民族的人口融合于汉族的民族过程，以及部分汉族人口融合于少数民族的民族过程。所有这些民族过程在中国这个统一多民族国家的整合下，形成为中华民族。无论从历史的纵向看，还是从现实的横向看，中华民族既是中国从古到今所有民族的总称，又是中国各民族缔造统一国家历史过程中逐渐形成的民族实体，这就是对中华民族“多元一体”的共识和认同。通过对中华民族形成过程的了解，加强各族大学生对国家和民族的认同，从而增强民族团结教育的实效。

2. 马克思主义民族理论教育

马克思主义民族理论是马克思主义关于民族和民族问题发展规律的论述，是无产阶级及其政党观察和处理民族问题的指导思想。中国特色社会主义民族理论体系，坚持和发展了马克思列宁主义，是马克思主义中国化的最新成果，是中国特色社会主义理论体系的有机组成部分，是指导今后正确认识和处理我国民族问题的指南。它包括民族、民族问题、民族观和祖国观等范畴。

3. 党的民族政策教育

党的民族政策是老一辈无产阶级革命家在领导我国各族人民进行新民主主义革命、社会主义革命和社会主义建设事业的过程中，从中国的实际出发，把马列主义普遍真理同中国实际相结合而提出的一整套解决中国民族问题的纲领、方针和政策，其本质是促进各民族平等团结、发展进步和共同繁荣，是我国政策体系的重要组成部分。其主要内容包括：民族平等和民族团结政策，民族区域自治政策，发展少数民族地区经济文化事业政策，培养少数民族干部政策，尊重和发展少数民族语言文字政策，尊重少数民族风俗习惯、信仰自由政策等。

加强党的民族政策教育，是巩固和发展社会主义新型民族关系，加强民族团结的重要保证。实践充分证明，中国的民族政策适合中国国情，符合各族人民的根本利益，得到各族人民的拥护，是正确和行之有效的。在这一政策指引下，中国各族人民维护了国家统一、社会稳定和民族团结，开辟了一条实现各民族共同繁荣发展的光明大道。

4. 国家民族法律法规教育

《中华人民共和国宪法》序言中明确规定：“中华人民共和国是全国各族人

民共同缔造的统一的多民族国家。平等团结互助和谐的社会主义民族关系已经确立，并将继续加强。国家尽一切努力，促进全国各民族的共同繁荣。”总纲中还明确规定：“中华人民共和国各民族一律平等。国家保障各少数民族的合法的权利和利益，维护和发展各民族的平等团结互助和谐关系。禁止对任何民族的歧视和压迫，禁止破坏民族团结和制造民族分裂的行为。国家根据各少数民族的特点和需要，帮助各少数民族地区加速经济和文化的发展。各少数民族聚居的地方实行区域自治，设立自治机关，行使自治权。各民族自治地方都是中华人民共和国不可分离的部分。各民族都有使用和发展自己的语言文字的自由，都有保持或者改革自己的风俗习惯的自由。”宪法以法律的形式确认了我国的多民族的现实，任何人都要维护宪法的尊严。

5. 维护社会稳定和社会主义法治的教育

稳定是福，动乱是祸。社会稳定是我们进行社会主义建设的保障，是我们推进经济社会发展的前提和基础。社会不稳定，什么事情也做不成、干不好，已经取得的巨大成就也会失去，更谈不上幸福美好的生活。结合目前国际社会动荡的事实，培养学生对稳定重要性的认识。社会主义法治代表了社会主义国家全体人民的最大利益和意志，它包括立法、执法和守法三个方面，要求做到“有法可依、有法必依、执法必严、违法必究”。社会主义法制是维护社会稳定、实现人民幸福的重要保障，是各族人民共同团结奋斗、共同繁荣发展的前提和基础。

（三）在道德素质教育中创新民族团结教育的有效途径

1. 创新教育思想，增强民族团结教育的有效性

多年来，在大学思想政治理论课中教师往往采用传统的教育模式，把民族团结的内容依照课本讲授，采用填压式的灌输法，使高校学生被动地成为受教育者，在课堂上对这部分内容并不感兴趣，导致教育结果没有达到预期效果，教育目标难以实现。而且青年大学生关于民族团结教育的学习，大部分来自思想政治理论课一些章节中，而这些章节里面讲授的知识比较简单，同时上课方式比较单一，大学生在课上学习的积极性不高，还会失去学习的兴趣，从而教育成绩不明显。民族团结教育是一个力求获得人心的过程，对高校学生进行教导要抛开填

压、灌输的方式，而采取和颜悦色、耳濡目染的方式。为使民族团结教育取得好的成效，在对高校学生进行教导时，面对不同民族的学生应采取着重点不同的方式进行教学。对汉族大学生应着重教导他们尊重各民族的风俗习惯、自觉维护民族区域自治制度，不断引导各民族大学生和平共处；对少数民族大学生应着重教导他们尊重其他民族，增强与其他民族同学的团结，坚决抵制民族分裂，自觉维护民族团结。概而论之，对高校学生进行民族团结教育的基础宗旨是要教导他们形成正确的马克思主义观，让56个民族是一家的思想扎根于每位学生的内心，为了实现中华民族伟大复兴的中国梦，每个大学生都应该牢牢团结起来。

2. 提升课堂教学的主渠道作用，推进民族团结

高校对大学生进行民族团结教育的主要途径是通过课堂教学，要把教育教学融会贯通到课堂中，不能只是浅尝辄止，要进行谆谆教导，推进民族团结教育进教材、进课堂、进头脑。第一，在思想上要坚定政治方向，坚持课堂讲授有纪律，郑重落实“三个离不开”和“五个认同”的重要思想。“三个离不开”和“五个认同”，是新时代更好解决民族关系应遵循的引导原则，是对高校学生进行民族团结教育的主旨。第二，在内容上进行专题教学，将民族团结教育列入思想政治理论课，编著大学生更喜闻乐见的讲义和读物，为达到更好的教育效果提供真实的资料。讲义和读物要阐明对高校学生进行民族团结教育的深远意义与党的民族理论和政策，解答他们关心的热点问题。第三，在形式上要改良教育方式，提升教育质量。坚决接近生活和学生，把抽象的知识用经典的生活事例进行诠释，让课堂活起来，实现政治性与知识性、艺术性的统一，加强教育的有效性。第四，从范围上深挖其他学科中的民族团结教育资料，并将这些内容贯穿到各类课程中。

3. 发挥活动的育人作用，将民族团结教育渗透

在校园文化和社会实践中，以民族团结教育为主题的活动是增强大学生教育实效性的又一途径。要施展校园文化和亲身实践的育人功能，默化潜移地对大学生进行教育。积极向上的校园文化，可以丰富大学生的精神世界，指导大学生不断前进，促进其身心健康发展。因此，举行以民族团结教育为核心的多种多样的校园文化活动，如征文竞赛、专题演讲、图片展出等，让整个学校形成民族团结

一家亲的气氛，让高校学生从中受到感染，自发拥护，让各民族大学生能够友爱相处、和谐互助。同时，要预防错误思想的渗入，加强对学术讲座及大学生社团的管理，谨防国内外民族分裂势力利用民族宗教问题进行各种分裂破坏活动。开展丰富的社会实践活动。亲身实践活动对增进高校学生认识社会、磨炼意志、培育品德、加强社会责任感具备不可替代的作用。要把民族团结教育融入实践活动，参观爱国主义教育基地和民族团结进步教育基地，把课堂进修与切身实践联合起来，为高校学生提供实践民族团结的平台。

第五章　思想政治教育数字化发展

第一节　思想政治教育数字化发展的基本内涵

一、高校思想政治教育数字化发展内涵的生成

高校思想政治教育数字化发展不是从天上掉下来的，其内涵的界定是逐渐生成的过程。把握高校思想政治教育数字化发展的基本内容与界定概念，应该看到它在相应时空条件下的演进。而其内涵的生成与概念的出现离不开科技与教育的基础性推动。科技和教育，构成了当代社会文明的两大基石，当今世界日趋激烈的国际竞争归根结底是科技的竞争，而科技的竞争离不开教育和人才的支撑。党的二十大报告将科技、教育、人才并称为国家现代化发展的战略性、基础性支撑条件。因而，处理好科学技术与教育之间的密切关系，对于我们进一步推进高等教育，提升思想政治教育的实效性，培养更多更好的高质量人才，都是十分必要的。

（一）技术进步与教育的发展

一般来说，科学技术和教育支撑着现代文明。马克思主义认为，科技源于人类的生产活动，并逐渐从生产活动中分化出来，成为特殊的社会实践活动。科学技术发展的过程和人类改造自然、征服自然，发现自然规律为人类服务的过程一脉相承。同样，教育也源于人类的劳作，同样漫长，并且还是通过人际传播、口口相传的直接“继承”科学以及代际传递的间接“发展”科学的过程。在人类科技与社会教育的双向奔赴过程中，双方实现了彼此成就。教育因科技而发展，科技因教育而进步。在漫长的历史演进中，教育与科技相互促进，呈现出鲜明特征。

1. 生存性技艺与直观性教育相结合

这一特征主要体现在漫长的原始社会。在这一时期，劳动是从制造工具开始的。使用和制造工具成为人类最早的创造物和发明物，也成为人类的科技萌芽。基于满足生存与发展的需要，早期人类在改造自然、征服自然的过程中，根据直观经验总结出了捕鱼、种植、畜养、狩猎等多种方法，人类的初步技艺由此诞生。尽管浅显，但这对早期人类而言，是求得生存与发展的根本性方法和手段，属于生存性技艺。为生存需要，发明者将这种“技艺”传授给身边人。借助群体性活动，这种技艺又被广泛传播和推广，完成代际相传，而这种相传活动本身又构成了人类的早期教育。在人类社会早期，青年的成长得益于朋辈互练，得益于长者教诲，得益于劳作经验的分享与相传。那时尚且没有专设的教育组织和专门的机构，青年人的知识获取和经验的丰富，主要的方法是通过人际传播，特别是参加活动，并在实践的劳动中锻炼与增长本领。原始社会的人不强调讲述，在许多语种中，讲授和展示是同一个词，而且意义完全相同。因而，人类借助“示范–模仿”完成早期的科学知识传授——生存性技艺的提升。这种状况当属直观性的教育。由此说明，原始社会的科技发展与教育推进主要是呈现了生存性技艺的推广与直观性代际传授相结合，也是教育发展过程中科技融入的初始。

2. 经验性科学与综合性教育相结合

这一特征主要体现在古代社会时期。随着早期人类的生产实践斗争和其他劳作活动的展开，最早的文字被人们创造了出来。文字被创造，人们可以进行书写，可以进行记录记载，许多事件的发生也就都被传承了下来。由此之后，人类社会便以更好地方式阔步迈进了文明的大门。而因为文字的被创造，人类社会的教育革命也变便生了。这种早期的教育形式和内容，尽管在许多方面与后世没有办法比较，但是，它却以自己独特、独到和独有的方式推动了人类社会早期科学教育的快速进步与发展。值得注意的是，在这一阶段，人类社会对于科学的认知并不成熟，还显得非常幼稚，许许多多的科学结论是建立在人们对诸多事物和现象的直观感觉、形象把握的基础上的，缺少理性的认知，反而是经验的色彩与特点十分浓厚。于是，从历史发展的脉络讲，后世将这个时期的此种科学称为“经验科学”。显然，这种“科学”的经验成分多，其中也包含着错误的成分。在这种早期的古代社会时段中，哲学与科学混同在一起，甚至哲学被人们看成是科学的代名词，并认为一切具体的科学都涵盖在哲学里面。

3. 科学的具体性与教育的专门性相结合

众所周知，在人类科技发展的历史序列中，几代科学的发展尤为引人关注。许多科学大师具有杰出的成就。其中，从哥白尼的《天体运行论》到开普勒的行星运动规律，从伽利略对新物理学的探索到牛顿开创力学新时代，从物种起源到达尔文的生物进化论，从法拉第发现电磁感应规律到麦克斯韦的电磁场理论，从拉瓦锡的化学实验到哈维的血液循环学说，这些科学家们，他们拥有的共同点是，在工作中都非常重视观察、试验与分析的方法。显而易见，这些科学家的做法与亚里士多德不同，而是较为独立地走上了另外一条科学发现、科学研究的道路。由此也就出现了与亚里士多德所处时代不完全相同的科学路途。这些科学家们比较注重对世界认知的细化，因而导致近代科学的探究中，“分化”的特色十分鲜明。恰恰是这种“分化”的特征，使得诸多具体的科学终于从包罗一切的宏大哲学母体中独立出来，独自面对和分析自身的研究对象，如力学、物理学、地理学、地质学、生物学、化学、热力学等，这种状况体现出鲜明的、科学的类别性。学科的细分，不仅与当时工业生产的状况相适应，而且随着工业革命的爆发与扩展，社会对人才的需求也发生变化，适应社会分工的专门教育也应运而生。

但是，我们应该看到和明白，教育的发展与科技的进步有不同的特点。教育作为一种体系具有其自身的相对独立性。所以，一旦科学技术在较短时间和较快速度爆发时，教育本身不仅不一定迅速跟进，极有可能抵制或反抗这种冲击。众所周知，在近代欧洲，当时的英国和法国不少的老牌、名牌大学，不知是缘于对新科学的无知还是缘于对新科学的惶恐，不支持、不赞成新科学。甚至反对在大学中讲授新科学，这种状况大概持续了 200 多年，直到 19 世纪时，这种对待新科学的态度和做法才逐渐走向最终的崩溃与消散。无独有偶，在东方的日本，“明治维新”刚开始的时候，一部分人对新型学校也是十分抵制乃至仇视的，甚至发展到有些人直接捣毁这种讲授新科学的学校。在我国也曾出现类似的情况，清朝末年的一些所谓理学家和一些旧官僚们，理念陈旧、思维僵化、认知顽固，对“洋学”的态度极为敌视，在近代史上闹出了不少的笑话。究其原因，科学研究所呈现出的过程性、动态性比较突出，人们对外部世界探索的认知与新结论会层出不穷，然则教育本身则不同，由于涉及方方面面，因而教育活动便呈现出相对稳定、相对固定的特点。这种状况也充分说明，在科学和教育两者之间，我们还应该思考和提供一个中介链接的路径，以便于双方能够达成相互匹配、有效衔接和快速适应。针对科学技术的细化，教育活动本身也应该逐渐细化，确保专业化教育对接更多类别的科技活动。随着近代科学的轰轰烈烈的推进，大体在19世纪末期，人类的科学研究达到了顶峰，当时许多科学家都认为，基础已经打牢，科学的大厦已经矗立起来，应该说科学家们颇有几分自豪。科学发展如此，反观当时的教育，实际上并未能与科学的发展同步。作为近代教育显著特征和重要组成部分的教育理论以及教育体系等许多方面，则是人类社会发展到20世纪才完成的，由此表明科学与教育两者之间的矛盾在此时仍处于尚未弥合的状态。进入20世纪后，科学技术再次以惊人的速度呈现出几何式的增长，昂首阔步地跨进了一个崭新的现代科学时代。这种发展势头，在极大程度上，使得科技发展与教育发展之间达成分类与专业的平衡更加迫切。

4. 科学的系统性与教育的通才性相结合

随着现代科技的发展，人们对世界的认知更进一步。人们开始思考如何更好地描述我们所面对的世界，特别是从分析到综合，从局部到整体，从要素到系统，科技发展为人们回应这些问题提供了强有力的支撑。所以，科技发展的结果，使人们对现代科技所具有的系统化的本质特征认识得更为清楚，就是要学会把人们所看到的事物的不同层次、研究的不同对象有效组成一个个的系统。应该说，人们把这种认知总结概括为系统科学。

不管是耗散结构理论、协同学理论、突变论、超循环理论、参量型系统理论还是发展到后来的泛系理论等，这些理论的次第涌现不仅确立了系统科学的理论体系和地位，还极大地改变了人们的生产方式、生活方式、思维方式和行为方式，其系统、层次、动态的核心观点给整个社会带来一场深刻革命。迄今系统理论不仅得到了迅速发展和广泛应用，也已经成为人们认识和改造世界的思想武器。科学发展和技术进步带来的影响，假如仅仅是认为这个革命对教育只有形式上的和表面上的影响，那是难以想象的。显然，当今世界正处于这场教育的革命之中。基于目前高等教育所处的位置，基于教育与科技、社会生活、社会生产所拥有的特殊的关系，高等教育应该处于这场革命的前沿地带，应该成为这场革命的急先锋。如果我们潜心观察就会发现，近年来整个世界范围内发生的高等教育的变革与创新，都具有十分突出的特点，那就是学校类型发展的日益多样化，各个学校在课程的设置上日趋朝向综合化方向发展，专业课程的设置越发具有现代化特色，教育与科研一体化的倾向日益鲜明，教育与生产关系之间的关联度越发密切，教育的信息化、数字化、网络化、智能化境况日益显著。这些特点与历史发展的序列再次表明，科技进步与教育发展不可分割，不同时代的科技与教育结合方式与程度虽存在差异，但双方对推动社会发展都发挥了重要作用。

（二）教育的转变与思想政治教育数字化发展

1. 数字化发展及其对教育的影响

当前，数字化技术通过系列的数据存储、数据处理、算法运作、语言理解、意识整合、艺术创造和系统建构，不但具备信息检索和理解的功能，还具备机器学习和机器感知的功能，当前数字化技术已经在博弈、深度学习、图像识别、互动问答等领域取得了突出成果。因此数字化技术发展给教育带来了系统性变革，极大影响了教育主体的学习资源、学习环境，教师应该怎么教，学生应该怎么学、在什么样的空间和场景学、学的效果如何等问题都成了教育工作者的新关切。由算法、算力、算料（数据）驱动的对受教育者的认知、情感、行为造成怎样的影响，教育政策需要什么样的引导和保障，技术要提供什么样的支持，教学方式要发生什么样的更新，教育目标要随之如何调整，整体的数字革命给教育又带来什么样的机遇和挑战，给教育领域带来的是更多的不确定性还是困境，这些问题都急需理论和实践的回应。

一方面，在数字技术发展下，学生的知识量呈指数级别增长态势，一定程度上缩短了知识的生产周期，给个性化的学习提供了学习资源、学习空间、学习情境，让基于电子屏幕的阅读学习、基于互联网的协作学习、基于移动终端的泛在学习、基于自主适应的个性化学习成为现实。我们应该肯定，数字技术的发展助力了学生的个性化学习、教师的智慧化教学、家校的系统性共育，一定程度上提高了教与学的效率和效能。另一方面，数字技术增加了不确定和不可控的新挑战。比如新的教育生态系统如何建构，配套政策如何制定，数据隐私和安全如何保障，广大师生的数字素养、专业素养、伦理素养如何提升，师生关系如何重构，虚拟世界和现实世界如何联系，新的评价机制、评价方法如何科学制定，如何消除数字鸿沟，最大限度实现教育均衡包容，等等。未来已来，积极拥抱数字化发展，如何让数字化技术赋能、赋力，增智、增慧，既关乎教育的核心价值观重塑，也关涉丰富和拓展教育的使命重建。

2. 教育数字化发展的机遇

当前教育数字化发展迎来了技术机遇和政策机遇。技术对教育发展的影响从辅助走向融合与创新，引发了教育理念、教育事件的全面重塑与转变。数字化平台的搭建、教育环境的构建、数字资源的增长、数字治理的全面发力以及数字素养的提升，让精准教学成为可能、泛在学习成为趋势、智能管理成为主流、数据评价成为常态、智能教研成为现实。

第一，数字化技术发展进一步强化了以学习者为中心的理念。新技术、新手段、新方法与教育的深度融合，从本质上来讲，是为了实现人的全面发展。从教到学、从管理到服务、从群体到个体，数字化技术可以提供精准化、个性化、定制化的人才培养方案，进一步推进传统的标准化、程序化的培养模式的转变。数字化时代的教育与传统教育相比，更加公平公正，可以促进学生根据自身发展需要，量身定制学习知识和技能培训，真正实现个性化、定制化、终身化的教育。因此数字教育和终身教育归根结底是为了实现人的全面、自由、个性化发展和价值的塑造，是为了推进高质量教育体系的建立。

第二，数字技术为教育数字化在流程上提供了全面支撑。教育是一个系统性工程，包括了日常教学的各个环节，管理服务的运作组织整个流程。在教学方面，数字化依靠新技术新方法可以实现从学情分析、教学目标、教学重难点诊断、教学反馈、学习评估的全面追踪，更加契合学生的特点和学习规律。还可以通过信息化的评价工具，对教学决策、教学内容、教学反馈做全面的统计，全面记录学生的学习、实践经历，客观分析教师教学、学生学习的能力，在此基础上围绕师生的真正痛点和需求，提供更加个性化的方案，有利于提升学习效率。在管理服务方面，大数据可以渗透全员、全方位、全过程育人，提升管理效能。

教育数字化的发展依托于教育基座的建设和技术的支撑。一般来说，数字化发展中的技术大致可分为三大类：ICT 技术、智能技术、数据技术。其中，ICT 技术为复杂系统的开发提供了必要条件。例如广域/局域网、5G 通信、身份识别、定位系统等基础型ICT技术，为教育数字化发展奠定了外部环境架构和技术基石。在此基础上，众多的新兴技术得以集成、扩展，并为赋能教育教学创造了条件。人们普遍认为，数字技术尤其是智能技术可以极大地改变组织的形态与结构，并将深深根植于教育系统之中。

第三，教育创新为教育数字化发展带来了新契机。教育创新体现在方方面面，从数字环境的优化到数字资源的迭代，从数字治理的升级到数字素养的提升。首先是在数字环境方面，创设了新的学习空间。数字化技术打破了实体环境的约束和围墙，给学生提供了更加广泛的云空间，数字化时代学生的学习空间不仅是在教室、图书馆，更多是在虚拟学校、在线上、在云端。数字化环境让学生打破时间和空间的界限，实现了按需学习、移动学习、深度学习。另外，数字环境的创新也体现在引导式场景的建构，学生可以通过VR和AR等现代化技术增强身临其境的学习体验。在数字化空间里，人与人、人与机器之间的对话互动模式可以激发师生的思维，增强体验。其次优质数字资源的聚合迭代，可以助推、助力新型教育教学模式的常态化应用。在5G通信技术的支持下，互联网技术为开展更多高阶学习活动提供了多样化数字资源的接入端口。

3. 数字化发展助推思想政治教育的总指向

数字化发展助推高校思想政治教育的总指向，核心问题就是要回答“发展什么”“怎样发展”“发展主体”以及“发展结果”等问题。

一是“发展什么”。思想政治教育数字化发展涉及的是目标与过程的系统性变革。这种变革在更大的范围内，用来深层揭示高校组织变革过程中各种变量之间的相互关系。从高校组织变革的视角讲，思想政治教育数字化发展指向高等教育系统目标的战略定位、能力结构以及相应的组织体制和机制的变革。其中指涉思想政治教育数字化发展的价值定位、人力资本的投入以及体制机制的优化问题。

二是“怎样发展”。思想政治教育数字化发展应该执行政策导向与实践导向。其中涉及自上而下政策导向的内容，应充分发挥我国举国体制的优势，确立好思想政治教育数字化发展的总方向和总原则。实践导向则注重从人的需求和投入开始，进而回升到组织层面。然后依此实现上下联动，加快思想政治教育数字化的创新与发展。

三是明确“发展主体”。思想政治教育数字化发展需要多元连接、多方互动，协同推进。“政-校-家-社”多元协同共筑教育大格局。思想政治教育数字化发展需要政府、学校、家庭、社会四方主体的协同参与。思想政治教育数字化发展就是要完成全要素、全业务、全领域和全流程的数字化转型，实现数据协同、实践协同、育人协同。

四是“发展结果”。思想政治教育数字化发展的最终目的就是要打造教育新生态。教育数字化发展作为信息化过程的数字跃迁形态，“生态重塑”成为各国教育数字化发展的新目标与新诉求。因此，借助数字技术全方位改造高校思想政治教育各个环节，加快思想政治教育数字化发展进程，最终实现全域、全景、全员、全时、全程育人。

二、高校思想政治教育数字化发展的含义、本质与主要特征

高校思想政治教育数字化发展是整个高校思想政治教育创新活动的重要组成部分。准确把握高校思想政治教育数字化发展的含义，才更有助于我们建构数字化时代思想政治教育的理论分析框架，指导我们分析和解决生活中的实际问题。

（一）高校思想政治教育数字化发展的基本含义

数据日益成为当今时代的战略资源与核心资产。善于获取数据、分析数据、运用数据，是领导干部做好工作的基本功。各级领导干部要加强学习，懂得大数据，用好大数据，增强利用数据推进各项工作的本领，不断提高对大数据发展规律的把握能力，使大数据在各项工作中发挥更大作用。当今时代的技术驱动，不仅完成着数字化变革，也使得数据化、数智化发展成为社会的总趋势。适应新技术的变化，推进数据化转向，有助于高校思想政治教育因事而化、因时而进、因势而新。一般来讲，高校思想政治教育的数字化发展，意指在新的历史条件下，高等学校围绕立德树人的根本任务，借助技术平台对受教者进行的数字育人过程，最终实现受教者的认知转变、价值塑造、能力提升的动态过程。对这一含义的理解，需要明确如下内容：

1. 围绕立德树人挖好数据、用好数据

无论技术介入、融入的状况如何，高校思想政治教育的数字化发展必须坚守

立德树人的目标不动摇。在实际的教育活动中，围绕立德树人挖掘好数据、处理好数据、应用好数据，是高校思想政治教育数字化发展中必须坚持和守正的工作，只有这样才能更好地传承和弘扬党的思想政治工作的优良传统，体现思想政治工作的鲜明特色和突出的政治优势，发挥出更大的治党治国治校的治理效能。当然，我们既要看到数据资源为理论研究与实践工作带来的诸多益处，以顺应思想政治教育的数字化发展趋势，但同时也要警惕数字数据规定一切、“算法决定论”的倾向。“立德树人”就是我们判别取舍高校校园数字信息的标准，因地、因人、因事、因时制宜地开展数字信息的收集整理和应用工作，加强对受教者的教育引导、实践养成、制度保障。在高校思想政治教育数字化发展中，唯有立德树人、铸魂育人不可变。

2. 聚焦数字育人的过程

高校思想政治教育数字化发展，就是一个数字数据育人的过程，就是要做到以数化人、以数助人、以数养人。其中的“数”，指的就是服务于思想政治教育教学的发展，对提升思想政治教育时效性有价值的数据资源。其实，传统的思想政治教育本身也使用数据和数字，但与数字化和数据化相差甚远。一般而言，任何被记录的信息都可以成为数据，其中有些记录也可以数字方式呈现。在传统的思想政治教育活动中，尽管我们使用了一些数字资源，但是搜集、整理、调取和应用都存在诸多不便，且多方共享更是困难。随着计算机和互联网技术的普及，高校思想政治教育资源开发与使用也进入了数字化阶段。不少高校借助新技术和新方法逐渐对思想政治教育资源进行分类，将其中复杂的、难以估计的信息、知识、图表、数字、音视频等资料转换成二进制码，形成计算机里的数字孪生，建立一些较大规模的资料库，构筑了初步的思想政治教育数字化世界。进入 21 世纪后，信息技术的发展带动了高校思想政治教育的全面创新。高校思想政治教育发生巨大变化，从课程设置到具体活动开展，教育教学资源的整合迈向了数字化阶段，智能检索、在线阅读、云班课程、远程学习等，以一种集成式数据资源平台方式将思想政治教育数字化的信息条理化，以便精准识别、科学决策、靶向诊治，全方位推进受教者的认知转变、价值塑造、能力提升。其中，“以数化人”突出了思想政治教育数字化信息对受教者“化”的功能，“以数助人”强调了思想政治教育数字化信息对受教者帮扶资助的功能，“以数养人”彰显了思想政治教育数字化信息对受教者滋养、涵养的功能。

3. 助力模式的系统性建设

推进高校思想政治教育数字化发展，一方面，我们要通过技术，占有和使用数据资源，加快教育活动场域的转向、教育主体理念的转化、教育活动方式的转变、教育内容的转换以及教育体制机制的转轨等；另一方面，我们通过搜集、处理和用好施教者受教者双方活动的轨迹与平台记录信息、数据量等，把握思想政治教育活动展开后受教者认知转换、价值重塑与能力提升的变化轨迹以及成长效果的可验证性。显然，高校思想政治教育的数字化发展，就是在先进理念的指导下，通过大数据等前沿技术的应用而逐渐提升教育活动中“知、情、意、行”的全面感知度，推进思想政治教育信息资源的多模块集成、教育活动的多场景可视、知识传递多线程联动的精准化路径与智慧化运行，建构并实现多要素耦合的系统性数字数据育人模式，以便强信心、暖人心、筑同心，共同推动高校思想政治教育的创新。

综上所述，高校思想政治教育数字化发展的含义，突出了守正的根本内容，注重了数字化的核心指向与过程治理，关照了整体性系统性的育人模式建设。具体而言，在高校思想政治教育数字化发展的基本含义中，明确了发展的目标、任务、原则、内容、方法、路径以及成效。既有微观的关照，也有系统的宏观把握；既有物理平台、技术性支持系统的分析，也有社会性条件的概括提炼；既有对数字化发展过程的梳理，也有对数字化发展结果的厘定。既突出了数字化发展的结构性分析，也着力于数字化发展过程的推进和功能的释放。因此，高校思想政治教育数字化发展含义表明：一是体现为高校思想政治教育数字化活动的巨大跃迁，是一种革命性的创变，无论作为传统思想政治教育发展结果，还是作为技术融入后的思想政治教育发展产物，都反映着高校思想政治教育数字化的进步与成效。二是体现为高校思想政治教育数字化的状况颇为复杂。在技术内嵌的驱动下，高校思想政治教育数字化是一项较为复杂的变革过程，无论是对传统思想政治教育活动的升级还是数字思想政治教育新形式的来临，无论是教育场域外部要素的变化还是教育环境内生因素的转换，都呈现出极其复杂的多样性，这就必然导致高校思想政治教育数字化发展是一个复杂多变而非单一固化的过程。三是体现为高校思想政治教育数字化的长期性和持续性。高校思想政治教育数字化是一个涉及方方面面的变革过程，不可能一蹴而就，具有突出的长期性和持续性特点。

（二）高校思想政治教育数字化发展的本质

1. 高校思想政治教育数字化发展的共有本质

第一层次是高校思想政治教育数字化的共有本质。无论哪一个国家和民族，无论哪一个时期和阶段，思想政治教育数字化发展具有共同的本质属性，是普遍存在的，揭示了思想政治教育数字化发展本身具有的普遍性，诸如对成员的培养与引导，对主流意识的坚持与坚守，都要采用相应的手段和方法，都要借助于场域和条件，都离不开具有一定素养和能力的队伍等。从人类发展的历史长河中，善于总结、提炼内嵌其中的育人的共同本质，既是当代思想政治教育发展的内生动力，也是重要的构成要素。值得关注的是，在这种共有本质中，育人的目的、途径、手段、过程、机制等要素与数字、数理、数量化、数字化等演进的图景有叠加重合的部分。显然，这种共同的属性无疑构成了思想政治教育数字化发展的共同本质。

2. 高校思想政治教育数字化发展的国家本质

第二层次是高校思想政治教育数字化发展的国家本质。国家本质是思想政治教育国家意志的表达，是存在于阶级社会的能够合法代表一个国家的立场、意向、目的等公共意志，并且以维护国家秩序、利益安全、发展进步为核心任务的公民个人意志的集中体现。不同的国家有不同的国家意志，也就有不同的思想政治教育，尽管在不同的国家这种称谓不一定相同，但每一个国家都有思想政治教育。这种教育活动，因为服务对象的差异，从而在体现国家意志方面也有程度上的不同。但是，高校思想政治教育数字化的实践需要使教育内容必须紧紧围绕国家意志展开，全面、系统、权威地强化高校思想政治教育内容的国家意志本质。马克思、恩格斯说得好："占统治地位的思想不过是占统治地位的物质关系在观念上的表现，不过是以思想的形式表现出来的占统治地位的物质关系。"显然，占统治地位的阶级的思想政治教育，就是国家为了实现发展目标而采取的育人手段，思想政治教育的本质是国家意志的传导活动，高校思想政治教育数字化发展同样也是国家意志本质的承载。

（三）高校思想政治教育数字化发展的主要特点

在推进思想政治教育数字化发展过程中，不少学校的用力程度存在差异。革命导师列宁曾经指出：任何一般都是个别的（一部分，或一方面，或本质）。任何一般只是大致地包括一切个别。任何个别都不能完全地包括在一般之中。高校思想政治教育数字化发展具有较为突出的特点。

1. 高校思想政治教育数字化发展的特殊性特点

第一，理念创新的显著性。自从我国高校接入国际互联网以来，思想政治教育活动的创新演进轨迹较为鲜明，从政策制定到理论教育与实际工作推进，从传统思想政治教育到网络思想政治教育，从思政课程到课程思政，从精准思政到智慧思政，从实验思政到数据思政，从线下教育到在线教育等，都是高校思想政治教育创新发展的鲜明映照，书写了广大思想政治教育工作者的奋进之笔。大数据时代，广大的思想政治教育施教者顺应时代潮流，勇于改革创新，从线下线上访谈座谈把握受教者思想动态的数据描述到课上课下行为轨迹的绘制，从作业批改、云端辅导答疑、成绩统计到远程备课、网络精准推送教育内容，从思想政治教育信息资源数据库的开发应用到各种思想政治教育实验实践模块的推出以及智能式助教、深度学习帮手的出现，这一切都体现了高校思想政治教育工作者更新理念、提升能力以符合大数据时代发展要求，改革教育教学方式以适应大数据等前沿技术的深度融入，寻求改革、推进教育创新的理念与氛围已然形成，并日趋明显。

第二，场景体验的鲜明性。前沿技术的全方位介入，尤其是AR技术、VR技术、全息技术和数据挖掘技术等应用，使得高校思想政治教育活动呈现出与传统思想政治教育诸多不同。情景模拟、仿真训练等新技术手段的应用，不仅给广大受教者提供了优质的学习体验，也搭建了沉浸式的育人场景，使得理论课堂的学习、社会实践的展开和网络在线的培育有机统一，更加有效地将思想政治教育的知识传递、价值塑造和能力提升整合联通，网络思想政治教育、精准思想政治教育、计算思想政治教育不断迭代，从而奠定了高校思想政治教育数据化转型的坚实基础，并为思想政治教育的进一步移动化、数据化、个性化提供强有力支撑。

第三，数字驱动的多样性。数字化技术的广泛应用在客观上为思想政治教育的数字化发展带来崭新的发展机遇。作为当下中国教育数字化发展重要构成部分的思想政治教育数字化发展，不是微观局部技术应用的迭代升级，而是围绕理念更新和模式变革的系统性改变。同时，技术进化是一个不断被选择、被发展、被强化的过程，起决定作用、掌握进化方向的还是人。因而，思想政治教育的数字化发展具有显著的多样性特征。思想政治教育数字化发展必须依赖于技术的支撑。离开数字化技术的深度代入、介入和融入，就谈不上思想政治教育的数字化发展。技术不仅作为人类改造世界的工具，转变人类社会的经济形态，也将从更加深远的意义上改变人类对自身的认识。在教育中，技术的作用不仅带来了教育环境的变化，各类教学活动、学习活动和交互也将不再局限于人与人之间，而是广泛存在于人机之间。技术以多种方式赋能思想政治教育的数字化，诸如助力思想政治教育课堂教学模式、加大日常思想政治教育的治理、强化思想政治教育施教者的教研过程与效果、改善思想政治教育的评价方式等。从资源的数字化到部门之间的数据融通，从平台建设到信息共享，任何一个环节和过程中都可以看到技术对思想政治教育的支撑，并以多样化方式完成着物理世界与数字世界的连通，推进着“人-机-物-环境”之间的智能化交互。可以说，思想政治教育的数字化发展也是技术逻辑的现实性确证。

第四，要素组合的重构性。思想政治教育数字化发展是系统要素重构的过程，无论从目标逻辑还是价值逻辑，无论是理论逻辑还是实践逻辑，都最终指向思想政治教育数字信息资源的有效利用。数字化推进着思想政治教育诸多要素教育教学流程的重构，特别是以思想政治教育的数据要素在育人的核心工作中流动流转，优化业务逻辑、重排育人秩序、创新引导性育人场景，实现最佳的受教者体验，最终达成显著的育人成效。其中，涵盖着施教者画像、学习者画像和管理者画像的系统性融合，包括从思想政治教育数据的被感知、采集、计算、推理、分析、应用，最终形成思想政治教育的崭新引导性场景以及相关的治理活动等。在这种思想政治教育的数字资源闭环中，不是数字数据的简单组合，而是按照育人的目标与任务、遵循思想政治教育规律来进行，是传统型思想政治教育系统在技术消解基础上进行的重构，是工具理性和价值理性的统一，是系统要素在理论逻辑、实践逻辑与技术逻辑内在一致基础上的重组重装。

第五，多元主体的协同性。思想政治教育数字化转型是一个复杂的系统性工程。这一工程的推进意味着受教者学习的泛在化（时时、处处皆可学习）程度加大，并逐步实现按需学习；意味着施教者知识传播的自主化、智能化，从课堂施教到质量反馈，从受教者信息获取到教育质量评价等，强化着思想政治教育数字化转型中多元主体的协同。因而，在宏观、微观上都需要对全员介入、同向同行的“发展指标体系”进行智能化汇聚、甄别和应用，充分体现思想政治教育数字化转型过程中主体参与、全员协同的跨区性、跨界性、渗透性、互通性。

2. 高校思想政治教育数字化发展的普遍性特点

高校思想政治教育数字化发展所呈现出的特点，应该说体现了事物自身发展过程中的特殊性。当然，按照马克思主义理论来阐释，普遍性寓于特殊性之中。从高校思想政治教育数字化发展具有的上述特点来看，从中我们可以发现，无论是体验性还是协同性、重构性，都蕴含着这种数字化发展的内涵与外延、整体与部分、渐进与突变、继承与创新的统一等特点。

第一，彰显了内涵丰富与外延拓展的结合性。在高校思想政治教育数字化发展过程中，这种数字化发展的内涵具有的特有属性，不是一般化的描述。高校思想政治教育数字化发展内涵凸现了技术的融入、以数育人的核心指向与目标要求，包含了高校思想政治教育数字化发展必须容纳的特定内容，涉及高校思想政治教育数字化的本质规定、结构与功能、过程与机制、优势与局限、思路与路径等向度与维度的系统探索。其内涵指向的是数字技术与高校思想政治教育活动深度融合的过程和结果，特质在于数字化技术应用的时间段落和空间场域中呈现出的教育新样态，已经与原有的思想政治教育活动存在重大差异，是内涵的转化、质量的转换和水平提升，有着自己独特的内涵式选择与推进。高校思想政治教育数字化发展旨在通过自己的内部结构属性的发展，促进教育质量的提升，借以强化时代新人培养质量的提升。当然，我们应该清楚，全力推进高校思想政治教育数字化发展内涵丰富的同时，还要考虑到它的外延式发展。高校思想政治教育数字化发展外延，反映的就是高校思想政治教育数字化过程中特有属性的发展。这种外延的拉伸，就是用来为高校思想政治教育数字化发展拓展空间，以及提供相应条件的。随着高校思想政治教育活动涉及的内容与形式的变化，大思政格局的逐渐形成，课程思政的深入开展，多种思想政治教育元素得到挖掘与应用，高校思想政治教育活动的内涵与外延必将呈现出发展的新景象。而数字化的推进，也必然会将这种扩展了的外延包容进去，并以此实现更大范围、更广领域、更深层次的数字化。由此，实现了高校思想政治教育数字化发展过程中内涵与外延的有机统一，彰显了这一发展的特点，也突出了总体性、全面性的跃迁。

第二，呈现了整体发展与部分变化之间的有机性。马克思主义辩证法告诉我们，事物的发展是联系中的发展，事物的联系是发展中的联系。正如恩格斯所指出的那样：部分和整体在有机自然界中已经是不够用的范畴了。高校思想政治教育数字化发展，是整体性和局部性相结合的数字化的发展，涉及高校思想政治教育的全程、全员、全景、全域和全时段以及每一环节，是高校思想政治教育数字化整体性和局部性相结合的发展。

高校思想政治教育数字化发展的整体及其各个部分内容，都是处于不断运动变化之中的，并受到技术造就的崭新场域或教育环境改变的制约。在改革创新过程中，高校思想政治教育数字化发展有可能因为发展链条之中的某个部分、某个环节发生变化而影响整体的发展，甚至破坏原有的有序状态和整体的推进过程，导致质的变化，进而构成新的整体；数字化发展的整体也会因为自身的变化影响其他的环节和部分。所以，在整个转变的进程中，高校思想政治教育数字化发展呈现出部分与整体之间的动态连接、动态联动，而非静态与固化。实际上，在高校思想政治教育数字化发展的整个进程中，就是缘于思想政治教育各个环节、各个部分、各个主体等诸多要素的有机集成并相互联动，进而耦合成跃迁的整体性合力，借助这一合力促动高校思想政治教育发展，最终实现立德树人、铸魂育人的任务与目标。因此，在这一整体推进的过程中，要特别注意集体协同的力量，注意联动与综合。只有齐心协力、众志成城，方能实现我们的思想政治教育创新，培育党和国家需要的时代新人。当然，在整体推进中，高校思想政治教育数字化的局部性发展，强调其在发展过程中局部的效用，涉及某一环节、某一过程、某一片段、某一场景等。

其中，局部性、部分的数字化实现也是围绕着思想政治教育数字化整体要求而展开的，只有分阶段、讲步骤、论层次、谈进度，才能更好地发挥协同、协力的同向同行作用。因此，高校思想政治教育数字化发展彰显了整体发展和部分推进之间的有机联动与辩证统一的特征。

第三，突出了发展过程的继承性和创新性相一致。高校思想政治教育推进发展，广泛应用新技术，如果放弃、丢弃、抛弃长期以来我们取得胜利的思想政治教育的传统优势，同样不可能实现立德树人的根本任务。但是，如果我们一味地固守原有的传统，不能根据时代主体变化和形势要求而去创新，也不可能推进高校思想政治教育的发展，更谈不上教育如何面向未来、面向现代化的问题，更谈不上为党育人、为国育才的问题。继承是创新的前提和基础，创新是继承的体现和发展。当然，高校思想政治教育数字化发展中对于以往思想政治教育传统优势的继承，并不是不加区分的，也不是无选择地继承，而是基于对当今的发展实际，基于对高校思想政治教育发展有效而完成的继承，吸取其精华成分，摈弃不符合时代发展要求的糟粕之后的继承，以便更好地服务于思想政治教育数字化发展的要求。所以，高校思想政治教育数字化发展就是要处理好继承和创造性发展的关系，重点做好创造性转化和创新性发展。高校思想政治教育数字化的创新性发展，不仅仅要很好地承继思想政治教育传统工作的诸多优势，注重每一个过程和每一个细节，以便于通过数量的日积月累达到引发创新质变的效果，完成整体推进高校思想政治教育数字化发展。高校思想政治教育数字化发展中还要花大力气、用长时间、投大资源实现巨大而复杂的数字化转型，真正让数字技术充分发挥效益，为高校思想政治教育插上数字技术的翅膀腾飞。因而，高校思想政治教育数字化发展过程洋溢着对优秀传统的继承，也蕴含着面向未来、适应未来需要的创新与变革。

总之，高校思想政治教育数字化发展既具有特殊性特点，也具有普遍性特点。这种状况，体现了在数字技术发展过程中，高校思想政治教育顺应时代要求较快完成与数字技术的深度融合，也反映了数字技术向其他行业和领域渗透、融入的趋势和走向。上述的诸多特点，也是整个时代事物发展的一个缩影。

第二节　思想政治教育数字化发展的思路

一、问题驱动与理念引领

高校思想政治教育数字化发展的理念引领需要以问题为驱动，以学术研究和教育实践为基础，深入探索和研究思想政治教育的内在规律和目标，结合现代信息技术的发展趋势和应用成果，推动高校思想政治教育向数字化发展迈进。正确处理高校思想政治教育守正和创新的平衡性问题、价值理性和工具理性的平衡性问题、技术赋能和技术依赖的平衡性问题，找准数字技术和高校思想政治教育的结合点、切入点、落脚点，锚定发力点，推动全面发展指向的数字化育人模式，促进人的全面发展，高等教育的全面进步。

（一）处理好守正和创新的平衡性问题

新时期，教育数字化战略应坚持守正与创新的统一，在马克思主义思想的指导下，深入教育改革与实践，在守正与创新中实现数字教育的大繁荣与大发展。守正创新是马克思主义唯物辩证法的根本要求。守正，要求按照事物的本质规律办事；创新，就是有意识有目的的认识和实践过程。高校思想政治教育数字化发展要立足于学科发展之“正”，坚持立德树人总目标，坚定育人为本理念，引领高校思想政治教育数字化发展。要坚持党的领导、坚持中国特色社会主义制度、以培育社会主义建设者和接班人为目标。方向性要求必须始终坚持社会主义和共产主义方向，引导大学生牢固树立“四个意识”，坚定“四个自信”，为实现中华民族伟大复兴中国梦而努力学习和奋斗。此外，高校思想政治教育数字化发展，既要遵循思想政治教育自身发展的规律与学生成长规律，又要以沿数究律、依数定策、以数育人、循数评价的实践样态和演化方向，创新流程方法、内容结构、话语表达、互动模式，有效提升思想政治教育的科学性、针对性、亲和力和有效性。

高校思想政治教育数字化发展本质上是数字时代思想政治教育的“否定之否定”，是在数字技术融入后，高校思想政治教育在遵循立德树人根本任务，尊重科学育人和数字化转型规律前提下，对从前高校思想政治教育存在形式的辩证“扬弃”。因此，高校思想政治教育新的话语体系、评价体系、生态系统将在守正与创新的辩证统一中得到形塑。高校思想政治教育是承担立德树人根本任务的关键课程，其数字化发展无论“如何发展”“发展向何方”都必须把育人为本作为校正思想政治教育数字化转型发展的标杆，要把“是否有利于学生强化理想信念、爱国主义、民主法治以及全面发展的教育”作为重要标准，要把“是否有利于学生做好社会主义现代化视野的建设者和接班人培养”作为数字化转型与发展的根本性标准。

守正，就要牢固树立“以学生为中心”的教育理念以贴近学生需求。“以学生为中心”的教育教学思想是各国教育改革和发展的基本共识，也是公平优质教育发展的内在要求，开展“以学生为中心”范式转型成为课堂改革的方向。高校思想政治教育的数字化转型要以学生为中心，以铸魂育人为本引领数字社会发展，消弭数字技术对人的主体精神冲击，去除数字代码和抽象符号对人与人之间关系的遮蔽，以人文驾驭思想政治教育的数字化转型，让数字技术真正彰显教育价值，让每个人在技术的帮助下，获得最大的自由，体现最大的价值，并从中得到幸福，实现生命的体悟、情感价值的升华、思想行为的正向形塑，这才是思想政治教育数字化转型的真正动因和实践逻辑。因此，要注重培养学生的创新思维、批判思维和实践能力，通过数字化技术和平台的运用，为学生提供更加个性化、多样化的学习资源和服务，提高学生的主体性和参与性，通过互动、合作和实践，有利于实现学习效果的最大化。

要以学生为主体，围绕现实需求驱动矛盾解决，推动数字化转型迭代创新。在数字化发展过程中，需要明确转型的方向和目标，并以实践为导向，将学生的需求作为推动力。明确数字化的目标是提高教学效果、培养学生创新能力，以及培养学生的社会主义核心价值观的要求。在此基础上，通过调研、交流和实践，了解学生对数字化教育的需求、期望和问题，根据学生的需求调整教学内容、教学方法和教学资源，实现以学生为中心的数字化教育。方向引导和需求驱动的原则相辅相成、相互促进，既要确保数字化转型的目标和导向，更要贴近学生需求、更符合教育实际，增加教育的针对性和有效性。

创新，要树立大数据思维以引领高校思想政治教育数字化发展。高校思想政治教育数字化发展需要数据思维与教育价值理念的融合共生，进而从思想上的系统创新激发实践的整体性创变。思想政治教育数字化转型要聚焦数字融合，引导教育理念价值共生。思想政治教育的理念要革新，必须树立大思政理念和大数据意识。大数据思维强调数据的核心地位，通过数据发掘研究对象的各种特征，并通过相关性原理进行趋势分析。因此高校思想政治教育的理念和思维应该面向现实、面向未来，重新检视整个活动与数据关系的基础，树立以数据为导向的教育思维。通过对数据的深度挖掘、有效集成、系统性分析提高思想政治教育数字化治理能力，从而实现教育过程的整体把握、因材施教、行为预测、个性评价、科学决策、精准服务。具体而言，大数据思维的整体性思维、精准化思维、相关性思维、前瞻性思维、协同性思维体现在精准化引领导向上，比如沉浸式、参与式、对话式、互动式验证模式，以及共享、协同、联动机制就是支撑性发展成果。

一要整体推进思想政治教育数字化转型，找到高校思想政治教育数字化发展的“生成元”，在系统化生成中平衡工具理性和价值理性。

二要以精准思维实现教育教学活动信息的精细管理、教育目标的精准识别与定位、任务解决的精确定向与定制、教育过程的定时施教和教育成果的精准评价。

三要以相关性思维把握数字时代变迁的脉搏，大数据和人工智能技术的出现使相关性由认识范畴转向实践范畴，相关关系很有用，不仅仅是因为它能为我们提供新的视角，而且提供的视角都很清晰。高校思想政治教育数字化转型离不开相关性思维善于从时代发展和人的思想行为变化中捕捉生长点的特征，进而创新思想政治教育理论与实践。数字时代的碎片化传播、符号化、图像化叙事要求我们要及时把握“数字青年”的新表征，了解他们的新期待，进而推进理念更新以及内容、方法创新。

四要以前瞻性思维主动求变、准确识变、科学应变，充分利用大数据的预测性功能，从教育对象的思想和行为的数字化中发现学生思想行为的倾向，科学制订应对方案。

五要以协同思维引领主体协同、资源联通、场域贯通，推动思想政治教育多元主体之间一体联动，推进思想政治教育治理从碎片化向联勤化转变，真正实现大思政的工作格局。

（二）处理好工具理性和价值理性的平衡性问题

承担铸魂育人、立德树人重任的思想政治教育，在技术驱动下同样面临人才培养的目标厘定、内容供给和模式建构的升级迭代。习近平总书记在全国高校思想政治工作会上强调，要运用新媒体信息技术使工作活起来，推动思想政治工作传统优势同信息技术高度融合，增强时代感和吸引力。这一论断不仅为我们思考在技术驱动下思想政治教育创新发展本身的维度统合提供了指导，为我们探究大数据技术如何有效融入思想政治教育过程、整合工具理性与价值理性奠定了理论之基。

要从合理性维度、内容结构维度、智慧供给维度处理好工具理性和价值理性的统一。达成在教育实践中“见物又见人”的效果，克服和消除思想政治教育中的各种功利主义与工具主义倾向，坚守受教者既是思想政治教育的出发点又是归宿的育人理念，坚持自律与他律结合、教育者和受教育者相结合、教育技术应用合规律性与合目的性相结合，我们就一定能够真正实现思想政治教育的传统优势与网络信息技术的深度融合，培养出符合中国特色社会主义现代化强国建设需要的时代新人。

（三）处理好技术赋能和技术依赖的平衡性问题

高校思想政治教育数字化发展要积极应对技术赋能和技术依赖的复杂难题，以综合智慧统领高校思想政治教育数字化发展。

面对教育数字化转型的复杂性、系统性和生态性发展难题，教育领域亟须借以实践智慧、数据智慧、设计智慧、文化智慧和生态智慧为核心的综合智慧，升维思考，降维行动，统筹各方因素，以综合智慧统领面向未来智慧教育的全盘教育数字化转型。具体而言，要以实践智慧建构理想数字化转型图景，借助有益经验创造良性循环，为整个数字化转型工程赋能增效，把实践理性贯彻到数字化转型中，实现理性、道德、情感的有机融合；借助数据智慧，人们能够创造未来，而不仅仅停留在现在。数据智慧赋能人机协同，有助于更快实现未来教育的蓝图，构建数据价值体系，打造一个自然交互、和谐的融合体系。高校思想政治教育的数字化转型要求实现数据、信息、知识、智慧的层级跃升，达到从感性直观到理性认知，最终形成一套系统的智慧的育人方案，构筑统合人的情感、价值理性、行为动态的主流价值体系：以融设计智慧塑造未来的实践逻辑和价值理念，设计智慧以融合新的价值理念和实践逻辑为一体的优雅行事方式来引领教育数字化转型的成功，高校思想政治教育数字化转型以服务社会主义现代化建设和人的全面发展来找准立足点和落脚点：以设计智慧统筹数字化转型的创造设计，在人的理性认知、道德实践、价值选择等发挥认知、协调、运筹、创新功能，进而形成满足适宜人的需求的价值智慧和新的发展模式，引领高校思想政治教育数字化转型走向全局性、引领性、统筹性和人本性的理想化目标；以文化智慧塑造文化精神，实现立德树人，思想政治教育应引发学生的文化情感、民族感情、爱国热情以及政治认同，充分激发他们的潜能并展示其创造力，培养具备文化自信和主动改变世界能力的时代新人；以生态智慧重塑网络生态文化圈集，高校思想政治教育数字化转型需要秉承命运共同体理念，不断发展数字化的政策法规、标准体系、伦理规范和数字文化，建立优质普惠的产业服务生态和开放、包容、合理的数字资源共同体、学术共同体、教学共同体等，综合教育生态中的各种因素，实现平衡、可持续发展，形成数字空间、物理空间和社会空间互联互通的数字生态系统。此外，要避免过度的技术依赖，注重技术反噬。

二、创新突破与迭代优化

（一）遵循方向引导和需求驱动的原则

高校思想政治教育数字化发展要遵循方向引导和需求驱动的原则。高校思想政治教育数字化发展要求高校思想政治教育数字化转型的全过程、各领域、全要素坚持正确的方向引导。

（二）遵循协同发展与数据赋能的原则

高校思想政治教育数字化发展除了要在多主体、各要素、诸环节上发挥协同效应，还要从人与技术的关系思考技术的发展和智能化的进步过程中人机、人技之间的协同合作。

首先，强化多元主体协同。主体之间的协同，要以数据思维、大数据技术、数据平台以及机器的超强算力、超大模型带来精准分析能力和人的直觉判断力、道德情感能力、抽象创造力、领导合作力等交融共生，将人脑的高度可塑性与科技紧密共存。随着脑科学和脑接口技术的发展，人类的大脑将与科技更加深交互，实现更加卓越的表现。

其次，注重要素协同。高校思想政治教育数字化发展需要各要素之间有机关联、相互作用，形成具有稳定结构和功能的有机整体，数字作为其中的关键要素和中介，对于弥合各要素相互孤立的状况具有重要作用。以数据赋能各要素间破除时空场域、信息场域，打破制约数字化转型各要素系统运行的物理边界，从而形成技术、人才、资源等要素的互联互通、相互支撑，以及形成立体化的动态演进系统，发挥内外要素的最优化效能，促进高校思想政治教育的整体推进。

再次，增强有效链接。高校思想政治教育数字化发展诸环节之间的协同反映着数字化转型的成熟度。从高校思想政治教育数字化发展整体推进上看，涉及基础建设、主体发挥、实际应用、价值评估等环节，各环节都不是独立存在的，缺少任一环节都无法实现数字化发展目标。因此，必须强化各个环节的有效衔接、协调联动，着力构建系统完备、运行畅通的数字化发展协同体系。

最后，彰显效能。基于数据赋能的人机协同是发挥数字化发展发挥更大效能的新选择。通过数据的驱动和赋能，可以突破时间、空间、能力和信息等方面的限制。同时，利用数据分析和挖掘技术，人们可以更好地评估和了解自身的学习情况，从而优化学习过程和提高学习效果。数据赋能的人机协同还能够打破物理边界，创新评价手段，增强学习感知，采集多维数据，并创设实践环境，获得更广泛的学习经验，并将其应用于实际场景中，使学习过程更加贴近实际和实用。同时，数据赋能的人机协同也能够打破教育壁垒，将科技、教育和人才三者进行有效融合，相互支撑。然而，我们也需要时刻关注人类的核心价值和道德规范，确保人的主体地位和权益的保护。

（三）遵循主导性与主体性相结合的原则

技术进化是一个不断被选择、被发展、被强化的过程，起决定作用、掌握进化方向的还是人。高校思想政治教育数字化发展需要以人为中心，遵循全方位、立体化、合力式的育人原则。从系统思维的角度看，高校思想政治教育需要顶层设计者、教育把关者、教学主导者来宏观把控思想政治教育的理论和实践展开，协调内部因素与社会环境之间的相互作用，为思想政治教育提供更全面、准确的指导和护航，培养优秀的社会主义建设者和接班人。思想政治教育需要有导向性主体、主动性主体，而高校思想政治教育的实践历程也需要坚持主导性原则，始终锚定立德树人根本目标，统筹好“人-技术-教育”三者之间的关系。从另一个角度而言，高校思想政治教育数字化发展是通过数据的全面收集与分析，以更准确的方式把握社会的发展和变迁，提供更具前瞻性的视野，促进思想政治教育精准识别、精准定制、精准滴灌、精准评价，以个性化、定制化教育强调学生的主体性能力发挥。这不仅是传统育人模式的数字化更新与升级，更是育人理念、环境、资源、模式、成效评估等方面的全方位创新，最终指向人的主体能力全面发挥和人的全面自由发展。

（四）遵循迭代优化和持续创新的原则

高校思想政治教育数字化发展要遵循迭代升级和持续创新的原则。由于教育问题的复杂性和变化性，一次性的改革很难解决所有问题。因此，高校应该采用迭代的方式，通过不断分析问题、实践探索和逐步改进，逐渐实现发展目标。迭代升级可以使发展过程更为灵活和可控，及时纠正错误，调整策略，提高发展效果。随着科技的不断进步和社会的不断变化，教育系统需要不断创新来适应新的需求和挑战。高校应该鼓励教师和学生参与到教育数字化发展的创新中，积极探索新的教育方法和技术应用，推动教育从传统的课堂教学向数字化、在线化、个性化的教学模式转变。此外，高校思想政治教育数字化发展要注重与现有规则性方案和技术理念的协调发展。在发展过程中，高校需要考虑现有教育规则和政策的要求，保证数字化发展不会违背教育教学的本质和要求。同时，高校也需要评估和选择适合自身教育需要的技术方案，避免盲目追求新技术而忽视教育教学的核心价值。

（五）遵循系统开放与生态发展的原则

高校思想政治教育数字化转型遵循开放共享、共生互联的原则。数字技术的应用能够揭示各种规律和关系，使教育主体与场域相互开放共享，协同共生形成高校新的思想政治教育生态体系。

第一，高校思想政治教育数字化发展系统与外部各要素相适应。在纵观历史、跨学科交叉、放眼国际中实现数字化发展生态系统和外在环境的和谐共生、互促共进，有效促进思想政治教育生态的适应性发展。高校思想政治教育数字化发展需要加强与先行国家的对接和合作。在全球化的环境中，与国外主流科技和理念的融合为高校带来更多的创新思路和技术支持。加强与先行国家的数字战略对接，促进合作交流，共享优质的数字教育资源，推动跨文化教育系统的发展。

第二，高校思想政治教育数字化发展需要开放与主流管理系统和数据库的接口和通道。借助这种方式，实现多功能数据调用、身份认证、业务系统接口等服务，为教育数字化提供技术支持和数据支撑。同时，实现全覆盖和全息记录，提供可信的证据和数据支撑。

第三，高校思想政治教育数字化发展需要促进开放编码、开放数据、开放人工智能模型。开放编码可以让不同系统之间实现互操作性和共享性，开放数据可以促进资源共享和合作，开放人工智能模型可以推动教育智能化的发展。

第四，为了保护开放内容的合法权益，高校也需要制定相关的法律和道德准则，以确保开放内容的使用和共享是合法和道德的。

第五，高校思想政治教育数字化发展需要以生态化的战略促进教育生态的发展。教育数字化发展涉及教育领域的全要素、全流程、全业务、全领域的发展，需要从系统开放的视角打破壁垒，促进不同参与者之间的合作和共生，形成良好的教育生态系统。

第三节　思想政治教育数字化发展的路径

一、优化数字环境

（一）架构成熟度模型

高校思想政治教育数字化发展是系统性演进的创变过程，具有复杂性、非线性、动态性等系统特征，难以用单一量化阈值评估教育组织的数字化转型程度，需要配套恰切的评价模型来科学研判转型的发展现状、路径规划。教育数字化成熟度是一个具有基础性和引导性的工具，可以帮助教育组织评估当前数字化转型的有效性，分析下一步需要改善和优化的策略和路径，为整个转型过程提供路径指导。教育数字化成熟度模型的建构是一个需要不断积累经验和加大投入的过程，在飞速变化的社会和技术环境中，数字成熟度框架的内涵也有相应的变化，需要在适应环境变化的过程中持续调整和优化。而高校思想政治教育的数字化转型是教育数字化转型的特殊形式，不能在实现教育数字化转型之后再开展思想政治教育数字化转型实践，要在教育数字化转型过程中同步推进高校思想政治数字化转型。一方面聚焦高校思想政治教育数字化转型成熟度，评估思想政治教育组织过程的数字化程度，明确其发展方向和价值目标，诊断其实践过程，实现有益的理论方案和实践经验的有效迁移和创造性转化；另一方面，构建高校思想政治教育自主的成熟度模型框架，通过成熟度等级规划教育蓝图的达成来推进高校思想政治教育数字化发展。

1. 成熟度模型的几个维度指标和具体展开

教育数字化转型成熟度模型是一个具有渐进性、延展性和灵活性的阶梯式进化架构，能为教育组织从多元视角审视和评价数字化转型能力提供指导。参考教育数字化转型成熟度模型架构，结合高校思想政治教育的特殊性，高校思想政治教育数字化转型成熟度可以从价值层、应用层、主体层、基础层等维度制定评价指标。

其一，价值层面分析。首先，明确高校思想政治教育的数字化发展战略规划，关系高校思想政治教育数字化发展的行动方向和目标实现。需要明晰未来愿景、实践导向、技术应用、路径和对策，完善标准规范建设、配套行动规划和保障措施，优化资源整合。主要体现在，明确立德树人目标，思考高校思想政治教育数字化转型将如何改变业务模式、提高育人实效和创造新的价值。同时，明确哪些业务领域实施数字化转型，并制定相应的技术应用路线与策略，以确保数字化转型的顺利执行。其次，标准规范建设、配套行动计划和完善保障措施是数字战略规划的重要组成部分，确立业务流程和标准，统一各个部门的工作方式和数据格式，提高协同效率和数据质量。配套行动计划和保障措施则可以确保数字化转型顺利进行，制订项目计划、明确责任和权限、提供培训和支持等，以减少变革的风险并推动数字化转型的成功实施。

其二，应用层面分析。应用层面上主要体现在数字思政的教学与评价以及支持与服务。高校思想政治教育数字化发展强调育人为本，以学生为中心，数字技术有机融入、有效赋能，促进整个思政教育教学过程的创变，突破传统的学习时空限制，创造全新的学习体验，提升教学效果。借助大数据技术进行过程性、多元化和智能化的评价，实时地收集和分析学生在学习过程中的数据，从而更加准确地评估学生的学习情况和发展趋势，有助于及时发现并解决学生的学习困难，促进学生认知能力和非认知能力的全面发展。支持与服务是应用层中另一个重要的行动域，重点是优化和重构组织内的业务流程，利用数字化服务改进、增强或替代传统的教育业务，提高教育组织的管理和服务效率。数字化技术可为教育组织提供丰富的工具和资源，能够极大地优化和改进教育业务流程。通过使用在线学习管理系统，教育组织可以更好地组织和管理教学过程，在线布置作业、考试和评价学生的学习成果，实现教学过程的标准化和数字化管理。同时，学生和家长也可以通过在线平台获取相关教育资源、课程信息和学生成绩等，提高信息的透明度和可操作性。

其三，主体层面分析。主体层主要是多元主体的数字素养与技能以及相应的组织、文化与生态。数字人才与文化是教育数字化转型的关键基石。一方面，在数字教育时代，个人的数字素养直接决定着参与和实践数字化教育的能力和水平。因此，提升管理者、教师和学生的数字素养至关重要。一是管理者需要具备数字化转型的基本理论和知识，了解数字化教育的最新发展趋势和前沿技术，从而能够制定战略规划和决策。二是需要具备管理数字化教育资源和平台的能力，能够合理配置资源，推动教育数字化转型的顺利进行。教师是教育数字化转型的重要力量，应具备专业和技术的双重素养，熟悉数字化教育资源和工具的应用，能够有效地运用数字技术提升教学质量和效果。三是应具备自主学习的能力和持续专业发展的意识，不断更新知识和技能，适应和引领数字教育的发展。对学生来说，数字素养已经成为他们必备的核心竞争力，需要具备信息检索、信息评价和知识整合的能力，能够利用数字技术进行学习和创新。四是应具备合作与沟通的能力，能够与他人协作解决问题，开展团队合作和项目实践。另一方面，除了数字人才的培养，构建根植性的转型文化也是促进教育数字化转型的关键因素。转型文化要求教育组织在组织文化、管理体制、教学方法等方面进行全面变革，将数字化教育理念和实践融入教育的方方面面。这需要教育组织建立开放和创新的文化氛围，鼓励教师和学生尝试新的教学方法和学习方式，推动教育创新和改革。教育组织需要改进组织的管理体制和运行机制，建立灵活高效的决策机制，提供必要的资源和支持，促进教师和学生参与数字化教育的实践。教育组织还需要与各级政府、研究机构、企业、社会组织、家长等利益相关者合作，共同打造数字化教育生态。在这个数字化教育生态中，各方利益相关者都扮演着重要的角色。政府应制定相关政策和规划，提供必要的投入和支持，为教育数字化转型创造良好的政策环境和市场氛围。研究机构和企业应承担起研发和创新的责任，提供先进的技术和应用方案，推动数字化教育的发展和落地。家长和社会组织应加强对数字化教育的认知和支持，积极参与到学校和教育组织的数字化教育活动中，为学生的数字化学习提供支持和帮助。

其四，支撑层面分析。支撑层主要体现在数字基座建设程度以及相应的数字服务上，数字化转型需要大量的资源投入，包括技术基础设施、教育资源、数据等。技术设备上要有普遍、稳定、高速、安全的教育专网接入，教学设施完备、数字教育环境高度敏捷、智慧的校园，能够开展多场景下的智慧教育。还需要建立灵活的混合云平台，以满足不同教育机构和个人用户的需求。同时，提供虚实融合的教学环境，使学生能够在虚拟世界中进行实践和探索，从而实现更深入的学习体验，这些底层基座的建设程度关系高校思想政治教育数字化转型的实际成效，因而，以科学的数字化成熟度模型开展精准评估有利于数字化转型实践的持续推进。教育资源方面，需要高质量、广覆盖、公共化、开放性的高校思想政治教育资源以及数字化课程资源，应当包含丰富的教材、教学视频、交互式学习工具等多种形态的教育资源，以满足不同学生的学习需求。同时，数字基础设施也要确保教育数据的安全和隐私保护。此外，需要明确资源的需求和可用性，并进行优化整合，避免数据孤岛现象或重复建设导致的教育资源浪费。通过科学评估和决策方法，避免重复建设，提高资源利用效率。最后，在数字基础设施的建设过程中，还应充分考虑经济可行性和可持续发展。建设数字基础设施需要大量的资金和资源投入，同时还需要建立能够持续运营和维护的机制。因此，在制订数字基础设施的发展和投资计划时，需要进行全面的经济测算和可行性分析，以确保该基础设施的长期稳定运行。

2. 成熟度模型架构的整体推进

高校思想政治教育数字化发展的成熟度模型构建的整体化推进需要从成熟度模型的阶段推进、实践展开、整体与部分相结合、目标细化与周期迭代等方面系统考察现实路径。

其一，需要按照信息化、数字化到智能化的发展层次，对应联通、数据、智能的演化路径开展评估。

其二，为了有效推动组织的数字化转型，要注重实践阶段的结合，评估不同阶段过程中的效果和效率，并在整体和局部之间找到平衡点。在数字化转型发展的过程中，相关组织往往会采用试点探索求证、局部推广调试、扩展复制应用、优化创新推广等几个重要阶段。其中，在每个不同的阶段，都要针对试验的状况来评估效果和效率，以保证整个转型过程的顺利进行。评估实践阶段中各个阶段的效果和效率，可以为下一个阶段的衔接提供指导和支持，以便更好地推进整个组织系统的数字化转型与发展实践。

其三，注重整体和部分相结合，这是数字化转型发展的关键。这里的整体，意指测评总体的数字化转型发展状况和程度。这里的部分，意指从不同侧面、维度进行诊断和评估的实践过程。数字化转型是一个全面的变革过程，仅仅关注整体程度是不够的，还需要深入了解不同部门或业务领域的情况，找出问题的根源，并提出具体的解决方案。例如在评估教育组织的数字化转型程度时，可以从师资配备、教学资源、学生参与度等多个维度进行评估。同时，还需要将数字化转型与教育组织的核心目标进行对比，确定是否达到了预期的效果，更加全面地了解教育组织当前数字化转型的程度，并找出问题所在、分析原因，为后续的调整和改进提供依据。

其四，为了促进目标细分和短周期迭代，我们需要快速调整和改进数字化转型的方式。将整体的数字化转型目标拆分成更小的目标，以实现更快的进展和效果，并将数字化转型的过程分成若干个短周期，在每个周期结束时进行评估和调整，以确保数字化转型的持续改进。例如在数字化转型的初期，可以将整体目标细分为部门级别或业务领域级别的目标，以实现更快的成果。同时，在每个短周期结束时，可以对目标的完成情况进行评估，并及时调整和改进策略。这样可以有效地推动数字化转型的进程，提高转型的效果和效率。

（二）重塑系统性场域

教育数字化转型要在一定的场域中开展实践活动，高校思想政治教育数字化发展需要各种要素在场域结构中建构、解构、重构，进一步完善自身结构和秩序，进而实现整个思想政治教育场域的系统性重塑。为了有效推进高校思想政治教育数字化的发展，实现高效思想政治教育质量和水平的大幅度提升，各个高校应该聚焦于营造有利于推进数字化发展的多种环境与氛围，特别是基于数字数据的教育决策氛围，将大数据、5G、云计算、区块链等前沿技术融入高校思想政治教育治理的决策与教学改革创新的过程之中，以便建设高校思想政治教育数字化发展更好的文化生态系统。

1. 高校思想政治教育数字化发展的系统性场域重塑的内部要素

其一，提升教育主体的综合素养与高水平技能。中央网络安全和信息化委员会印发《提升全民数字素养与技能行动纲要》指出，提升全民数字素养与技能，是顺应数字时代要求，提升国民素质、促进人的全面发展的战略任务，是实现从网络大国迈向网络强国的必由之路，也是弥合数字鸿沟、促进共同富裕的关键举措。一要加强顶层设计，在高校思想政治教育体系中融入数字思维与技能内容，构筑大中小学思想政治课一体化课程体系，从必修课程设置、教材编写、打造实践基地等方面推动。二要营造数字化环境，提升教师数字意识以及技术应用能力，大力推进数字孪生特色的校园建设。快速建设一批批高水平的智慧教室、仿真实验室、虚拟教研室等，强力推进高校思想政治教育数字化的特色发展、高质量发展。此外，要完善思想政治教师数字技能职业教育培育体系，制定完善数字技能职业教育国家标准，推行“学历证书+职业技能等级证书”制度，促进专业升级和数字化改造。

其二，加强教育内容系统构建。高校思想政治教育数字化发展意味着主体的扩容、场域拓展，相应的思想政治教育内容和形式也要演进，包括思想政治教育数字化教材编写、线上思政金课打造、教学方法创新。高校思想政治课数字化教材承载着受教者的成长与发展，是大数据时代推进高校思想政治教育工作、提升时代新人培养质量的崭新教材形态。

其三，共建共享协同服务一体化的数字化教育平台。基于系统化的知识点逻辑关系建立知识图谱，以超现实呈现方式，赋能教育资源，提升教学效果。增强现实、虚拟现实等技术让学生更准确感知事情本来样态和本质。例如利用技术模拟长征路，更直观地感受革命事业的艰辛历程和先辈的革命精神。

其四，用好数字媒介推进思想政治教育新传播。一方面，高校思想政治教育数字化高质量发展，要求思想政治教育者利用好数字空间的媒介资源，促成媒介资源的数字化发展，提升媒介资源的数字呈现能力、数字传播能力和数字融合能力，全方位展现思想政治教育数字转型的发展向度。充分利用数字媒介在思想政治教育系统中的延展力量。数字媒介以其丰富的数字流为基础，通过数字搜索、交易、交往、传递等多种方式，有效地渗透到思想政治教育系统中。数字媒介作为推动思想政治教育系统创新的重要资源，应与相关联的每一个用户共同分享。通过数字媒介的分发，我们可以将思想政治教育内容快速传递给学生，实现信息的广泛传播。另一方面，思想政治教育者还应依托数字媒介来探索思想政治教育系统的新增长点。数字空间作为媒介，具有多样性的元素，我们需要合理改造和利用这些元素，以提高思想政治教育内容在数字空间中的传播广度和深度。思想政治教育的系统形态应当考虑到数字空间的特点，充分利用数字要素之间的作用关系，以媒介合作取代竞争，展示媒介结构在思想政治教育系统中的黏合效应和传播效力。我们应当善于创造与利用各种数字媒介平台，如社交媒体、电子书籍、在线论坛等，来增加思想政治教育的吸引力和影响力。同时，在数字媒介的支持下，思想政治教育者可以借助互动性的特点，激发学生的学习兴趣和参与度。例如通过网络讨论、在线问答、模拟实验等活动，让学生积极参与思想政治教育的过程，提高他们对思想政治教育内容的理解和记忆。此外，作为一种构建互动式学习环境和评估机制的工具，可以数字媒介设计在线测验、虚拟实验等活动，让学生在数字化教学环境中进行学习和互动。

其五，打通个人学习与社会人才需求对接通道。引用区块链等技术确保个人学习记录安全、永久存储，实现各类在线平台的联结，建立畅通供需对接通道，促使学校育人与社会用人形成良好互动。需要从数据共享与整合、智能化人才匹配与推荐、职业咨询与导航服务、实习与企业合作、学历与职业资格认证、校企合作与产学研结合等方面入手，实现个人学习与社会需求的紧密结合，推动高校思想政治教育数字化的成功。

推进高校思想政治教育数字化发展的场域重塑需要以新技术创新效果来展开评价，通过引用新技术开展适应性评价、情景式评价、虚拟仿真测试等，运用人工智能评测来提高评价效率。首先，通过适应性评价、情景式评价和虚拟仿真测试等方式，更准确地评估学生的思想政治教育水平和能力。适应性评价可以根据学生的知识和能力水平，个性化地调整评价内容和难度，更好地诊断学生的问题和需求。情景式评价可以模拟真实情境，让学生在动态的环境中应用知识、解决问题，并且评价其表现和思考能力。虚拟仿真测试可以提供沉浸式的学习和评价环境，让学生在虚拟现实中进行实践和模拟，对其思想政治驾驭能力进行全面的评估和反馈。其次，借助人工智能技术，对大量的数据进行快速分析和处理，实现高效的评测和评价。人工智能评测可以根据学生的答题情况、行为表现和语言交互等多种信息进行评价，提供准确的学习反馈和个性化指导。此外，通过伴随式数据采集和多模态数据诊断，可以建立长周期、跨场域、多维度的学生成长过程记录。采集学生在不同环境和场景中的学习数据，结合多种模态的信息，如文字、图像、声音等，对学生的综合能力和发展进行全面诊断和评价，实现全面、立体、实时的反馈和调控，帮助教师和学生了解学习进展和问题，并进行针对性的教学和学习策略调整。最后，建立开放式学习成果认证和转换体系，可以促进学生的持续成长和有序流动。学生可以通过不同的学习途径和方式，获得相应的学习成果微认证，以更好地激发学生学习的动力和积极性，推动学生在思想政治教育领域的深入学习和实践。

2. 高校思想政治教育数字化发展的系统性场域重塑的外部要素

高校思想政治教育数字化发展的系统性场域重塑受到政策、技术、制度、环境和社会协同等外部要素的共同影响。这些外部要素的有机结合将推动高校思想政治教育数字化的全面发展。

其一，政策引导数字化发展的方向和方式。政策导向的变革逻辑更加注重通过文化转型，来实现价值观与范式的向下、向内渗透。政策导向是高校思想政治教育数字化发展场域塑造的政治动力，是党和国家意志的体现。一是国家数字化战略及相关政策构成了高校思想政治教育数字化发展的政治动力和基本导向。数字技术的快速发展与应用，显著弱化了传统的国家优势，重构着世界竞争格局，促使各国纷纷制定数字化发展战略以抢占科创高地，形成数字竞争优势。二是党和国家对新时代青年工作的重视为高校思想政治教育数字化发展提供了重要政治氛围。三是党和国家制定的一系列新时代思想政治工作方针政策为高校思想政治教育数字化发展提供了具体要求和政策支持。人在哪儿，宣传思想工作的重点就在哪儿，网络空间已经成为人们生产生活的新空间，那就也应该成为我们党凝聚共识的新空间。

其二，技术为数字化发展提供支撑。要运用新媒体新技术使工作活起来，推动思想政治工作传统优势同信息技术高度融合，增强时代感和吸引力。因而，推动网络信息技术、数字技术与高校思想政治教育诸多工作的深度融合，大力促进高校思想政治教育的现代化发展，具有时代必要性和现实可行性。高校思想政治教育数字化发展的系统性场域重塑需要围绕资源价值链和技术价值链架构。一方面，数据作为一种生产资料，通过有效集成、分析、整合、赋效实现价值创造和增殖，能促进数据的价值转化和思想政治教育化。另一方面，以数字技术开发高校思想政治教育移动终端应用、加强网络平台搭建、新教学设备开发及服务，有效拓展思想政治教育数字化转型的阵地，促进思想政治教育资源的有效开发和整合利用，从而助推教育资源整合、教育内容覆盖、教育对象扩容、教育方式多元，扩展教育辐射范围，为思想政治教育提质增效。因而，要筑牢“基座联结”的数字教育空间关键节点，夯实教育数字化转型技术底座。

其三，制度保障数字化发展的顺利进行。高校思想政治教育数字化发展的制度环境建设为高校数字化转型全过程的科学、可控，为转型内容的精准、目标的明确、程序的规范，提供了高效而有序的保证。总体而言，高校思想政治教育数字化发展的系统性场域致力于构建组织机构职责、制订规划、协调各方，这就要建立党委统一领导的组织机构，以便各部门协同合作，进而推动以数字化转型为导向的制度设计和革新。

首先，高校应该建立健全保障机制。这种机制的工作重点，就是要确保数字资源、数据资源等重要信息在数字平台建设过程的资源共享。其实，我们都非常清楚，只有保证了数据应用平台的共建性，才能确保资源的共享性，才能助推数字化建设的可持续性。坚持以习近平新时代中国特色社会主义思想指导高校思想政治教育数字化生态建设，大力宣传新发展理念，并通过学科文化和组织文化培育和建设高校思想政治教育数字化发展，必然有利于高校思想政治教育数字化发展。

其次，应建立健全兼容安全、标准统一、登记严格的数据信息管理体制，提供高校思想政治教育数字化发展的数据基础，探索基于前沿技术的思想政治理论课教育教学模式，打造有利于青年大学生深度学习的智能支持系统，充分运用学习分析技术，全面了解与把握广大师生的思想与行为动态，加强学情分析研判，突出学习过程的有效监测，注重学生的学业水平诊断，搞好学业预警，针对学生的问题精准施策、精准管理、精准评估，为高校思想政治教育数字化发展提供优质服务。

最后，借助技术、资源和平台，加强教育检测体系的完善。以科学、规范、长效为目标，深度打造数据验证平台系统，看重数据的采集与使用，但决不唯数据论。这样一来，我们就可以保证数据来源的真实有效，又可以顺利地协调人与数据之间的关系，营造出良性的教育氛围。因此，将数据作为高校思想政治教育数字化发展的核心要素，有助于改善思想政治教育的质量与效率。

其四，社会协同创造更高效、更具实际意义的数字化发展支持网络。高校思想政治教育数字化发展的系统性场域重塑需要社会协同。数字化发展并不是高校一方的事情，而是涉及整个社会的教育资源和社会资源的整合。

首先，高校思想政治教育数字化发展需要依托数字化教育平台和在线教育资源，并且需要运用数据分析和人工智能技术等先进科技手段。这些技术手段不仅需要高校的技术支持，也需要社会组织和企业的技术支持和资源共享，借助它们的专业知识和资源优势，为学生提供更广泛的学习体验和发展机会。

其次，需要教育资源的整合。高校思想政治教育的数字化发展需要整合各类学习资源和课程，提供多样化的课程和教育服务。这需要政府为高校提供更多的教育资金和政策支持，社会组织则提供更多的人才支持和学术资源。此外，高校通过建立合作伙伴关系，与其他高校进行教育资源共享和教师交流，促进教育质量的提高，加强思想政治教育领域的研究与实践。

最后，学生和家长的参与也是社会协同的重要组成部分。要重视学生和家长的意见和需求，建立有效的反馈机制，从而使数字化更加贴近学生的实际需求。政府、高校、社会和家庭组织之间的有效合作和沟通，将共同推进数字化转型和思想政治教育的改革创新。

总之，高校思想政治教育数字化发展的空间转向和场域演化的逻辑是数字化发展的重要驱动力，也是实践的关键环节。科学研究高校思想政治教育数字化发展场域的内部结构和要素以及外部结构，对协同数字环境各要素发挥耦合效应，实现系统性重塑，推进高校思想政治教育数字化发展具有重要指导作用及现实意义。

二、深化数字资源

高校思想政治教育数字化发展、一体化推进，是数字时代落实立德树人根本任务的系统性工程。具体而言，数字化为高校思想政治教育的知识与价值、理论与实践、线上与线下的一体化推进提供了新的发展格局和实践路径。

（一）统合知识与价值资源

1. 高校思想政治教育数字化发展中的知识资源转化

数字化的转型与发展，无疑为当今中国高校思想政治教育的教与学、教与悟、教与行带来了新的机遇，同时，也使我们在教育的理念、模式、方法方面有机会朝向多样化、多元化方向发展。由此可以看出，在数字化浪潮的冲击下，重构知识价值体系、调整行为步伐，是数字化时代的一项重任。数字技术、网络信息技术等前沿技术的发展，已经在不断影响、制约甚至冲击着我们曾经有过一定优势的传统思想政治教育。在技术的作用下，各种不同领域的知识与价值观念必将相互渗透，也必然带来不同学科的跨界与融合。以高校思想政治教育数字化发展为研究起点，重新思考学科的知识体系、话语体系、价值体系和规范体系的重构问题，不仅是时代的重任，也是非常具有创新性的理论话题和学术问题。当然，能否构建既符合思想政治教育学科特点和规律的知识体系，又能体现当代前沿技术深度融合，对高校思想政治教育而言的确任务很重。我们只有保有不变的教育初心，勇担使命，才能更好地促进高校思想政治教育与技术融合，并形成富有时代特色的学科特长和优势，也才能获得优势发展与优质发展。

高校思想政治教育数字化发展的知识体系转化需要从核心概念演化、基本范畴确立、范式转化、理论内涵扩容等方面实现数字化转型。在数字化的背景下，思想政治教育的核心概念需要与时俱进、演化更新。从传统的思想觉悟向更加多元化和开放的思想批判力转化，数字化范畴下的高校思想政治教育鼓励学生具备分析评价能力，批判性思维能力以及对多元观点的包容性。现实生活中的基本范畴需要进行扩展，适应数字化世界的发展。比如把传统的公民权利、集体主义等基本概念转换为数字时代的网络安全、网络伦理等新的基本范畴。思想教育研究范式可以转化为以大数据分析、机器学习等为基础的数据驱动研究模式，在教学中引入新的实证研究方法。实践范式可以转化为引入虚拟实验室、在线协作平台等数字化工具，以便提供更加丰富、实践性强的教育体验。数字化使高校思想政治教育的理论内涵需要扩容。除了传统的马克思主义、社会主义等理论，还需要涵盖网络伦理、数字文化、信息安全等与数字时代密切相关的理论内容，使得学生能够更好地理解和应对数字化时代的问题和挑战。

2. 高校思想政治教育数字化发展的价值资源的转化

高校思想政治教育数字化发展价值体系的转化，涉及从信息库到资料库、资源库、知识库，最后到价值库的过程。这是一个由信息获取、传递到知识构建和创新，再到价值观念形成和价值认同的过程。通过网络平台和数字化技术，学校可以收集和整理大量的思想政治教育相关的信息和资料，并将其存储在电子数据库中，供学生和教师随时获取和利用。这样可以方便教师查找相关资料，为教学提供更多实例和案例，使教学内容更加丰富和生动；学校可以将思想政治教育相关的资料和资源进行整合和开放，形成资源库。学生和教师可以通过网络平台自由获取和分享教学资源，包括教材、学术文献、学术期刊、教学视频等。这样可以丰富学习资源，提供多样化的学习途径，促进学生的自主学习和深度思考；学校可以搭建知识管理系统，将各类资源进行分类和整理，形成知识库。教师和学生可以通过知识库进行知识的构建和共享，以形成更加系统和深入的思想政治教育知识体系，比如，提升了学生对学科知识的理解和应用，同时提高了学生的综合素质和分析问题的能力；学校可据此引导学生进行思想政治教育知识的探索和实践，培养学生正确的价值观和思想道德素质。教师可以通过在线讨论、案例分析、互动游戏等方式，引导学生积极参与价值观的探索和塑造，形成自己的价值认同和价值观念。这样可以促进学生的个人发展和社会责任感形成，培养德才兼备的时代新人。

（二）融合理论与实践资源

1. 高校思想政治教育数字化发展中的理论资源转化

高校思想政治教育数字化发展中的理论体系转化涉及将传统的思想政治教育

理论知识进行网络化和数字化，以实现网络育人和数字育人的目标。高校思想政治教育的数据化转型，实质上是数据育人的过程，要做到以数化人、以数助人。这涵盖教学内容设置和资源整合、教学方法创新、学习环境重塑等多个方面的系统化转型，进而促进受教者的认知转变、价值塑造、能力提升。

其一，内容的转化。在实际工作中，我们应将传统的思想政治教育教学内容转化为在线课程、教育视频、电子书籍等数字化形式。通过集成式网络平台提供文献、案例、经典著作等丰富多样的学习资源，促进思想政治教育数字化信息规模化、集约化、条理化，实现思想政治教育精准治理，满足学生的个性化、定制化需求。

其二，方法的转化。我们应将传统的面授教学方法转化为在线讲座、网络讨论、在线实践等方式，通过在线平台提供师生互动的机会，进行线上讲解、答疑解惑，鼓励学生参与讨论、提问；通过在线测验、作业提交等方式，进行学习评估和反馈；搭建网络学习平台，提供学生在线学习的环境。学校可通过网络平台提供电子图书馆、在线论坛、学术资源检索系统等功能，方便学生获取学习资料和进行交流讨论。同时，为确保学生能够顺利进行线上学习，学校应提供稳定的网络环境和技术支持。学校可利用网络平台提供学习支持服务，包括在线导师、学习群组、在线辅导等，以便学生更好地展开学习。为学生提供个性化的学习指导和辅导，学校可通过在线平台进行学习进度的跟踪和分析，提供针对性的学习建议。学校可设计在线考核和评价方式，例如在线作业、在线测验、项目评估等，以提升学生学习的实效。学校可通过网络平台进行学生学习情况的跟踪和分析，并提供个性化的评价和反馈，帮助学生完善自身。

通过以上措施，可以实现高校思想政治教育理论体系的网络化和数字化转化。在实践中，学校需要注重教学内容的转化和多样化、教学方法的创新和互动、学习环境的优化和便捷、学习支持的个性化和及时性、学生评价的科学和精准等方面的工作，以确保数字化转型的有效性和质量。同时，学校还需要培养教师的数字化教学能力，并提供技术支持，以达到借助网络平台和技术手段推动高校思想政治教育理论体系的网络化和数字化转化，提高教育教学质量和效果的目的。

2. 高校思想政治教育数字化发展中的实践资源转化

高校思想政治教育数字化发展中的实践体系转化涉及虚拟仿真、增强现实和扩展现实等技术的应用。这些技术可以为学生提供更加真实、生动和互动的实践体验，增强学习效果和教育体验。

其一，充分利用虚拟仿真。虚拟仿真技术可以模拟真实的环境和场景，为学生提供身临其境的体验。在历史场景再现、模拟实验教学、虚拟实训等教学实践中发挥重要作用。历史场景再现主要是利用虚拟现实技术，重建历史事件和场景，让学生感受历史的魅力和历史人物的思想，增加学生对历史的认知和理解。

其二，添加模拟实验。通过虚拟实验平台，学生可以进行各种实验操作，观察实验现象和结果，培养实践能力和科学精神。在一些技能性的实践环节，可以利用虚拟仿真技术进行虚拟实训，提供真实的操作场景和反馈，帮助学生提高技能水平。增强现实技术将虚拟信息与真实世界融合，为学生提供在真实环境中与虚拟信息进行互动的体验。

其三，强化场景展示。场景演示与解析是利用增强现实技术，在历史场景或政治决策过程中，为学生提供实时的音视频解析和相关信息展示，加深学生对历史事件和政治决策的理解。

其四，增加名人互动。名人交流与模拟指通过增强现实技术，可以模拟名人与学生进行互动，学生可以与名人角色进行对话和互动，了解名人的思想和历史背景。实地实践辅助是在实地考察和实践环节，利用增强现实技术，为学生提供实时的导航、解说和相关信息，增强实践活动的效果和意义。

此外，在实际工作中，我们还可以利用扩展现实技术等。这是将虚拟信息与真实世界融合，将虚拟信息通过投影或显示器等设备投影到真实环境中，为学生提供更加直观和互动的体验。反思与辅助分析是利用扩展现实技术，将学生的学习笔记、思维导图等信息投影到真实环境中，帮助学生反思和分析，提高学习效果。互动游戏与角色扮演是指通过扩展现实技术，设计思想政治教育相关的互动游戏和角色扮演，学生在游戏中学习，可增加趣味性和参与度。实践模拟与培训是利用扩展现实技术在实践环节进行实践模拟和培训，以帮助学生应对实际情况和问题，提高解决问题的能力。

（三）整合线上与线下资源

1. 高校思想政治教育数字化发展中的线下资源转化问题

高校思想政治教育的线下教育要适应数字化的要求，也要做出相应的转化，要学会采用现代技术方法，将传统的调研手段与大数据挖掘等技术充分结合起来，针对受教者进行系统的精准画像，精准识别受教者心理、思想与行为状况。

其一，教学内容的数字化转化。一是制作在线课程。将线下课程进行录像或直播，上传至在线教育平台，学生可以根据自己的时间和地点自主学习。同时，可以为线下课程制作教学 PPT、讲义等辅助学习材料，供学生在线查看和下载。二是利用多媒体技术。在数字化转化过程中，可以通过多媒体技术来增强教学内容的可视化和互动性。例如利用教育视频、动画、图表等形式来展示抽象的思想政治概念和理论，帮助学生更好地理解和记忆。三是提供在线教材和学习资源。学校可将教材和参考资料转化为电子书籍、电子文献等形式，供学生在线阅读和下载。同时，学校可以通过数字化平台提供更多的学习资源，如学术期刊、研究报告、专题讲座等，拓宽学生的知识广度和深度。

其二，学习环境的数字化建设。一是学校可以建设与思想政治教育相关的在线学习平台，提供统一的入口和界面，集中展示线上课程、学习资源和互动功能，方便学生学习和交流。二是建立学校的数字图书馆，将大量的电子书籍、期刊和文献集中存储，并提供便捷的检索和访问服务。学生可以通过网络随时随地获取所需的学术资料。三是学校应提供稳定的网络环境和技术支持。学校应确保校园网络的稳定性和带宽，以满足师生线上学习的需求。同时，学校需要设立专业的技术支持团队，为师生提供在线教学的技术支持和指导。

其三，师生互动的数字化支持。教师可利用在线教学平台的讨论版块或论坛功能，鼓励学生提出问题、参与讨论，并通过指导教师的引导和答疑，促进师生之间的互动和交流。教师可开设教学博客或微信公众号，分享相关的学术资讯、教学笔记和案例分析，引发学生的思考和讨论，并与学生进行线上交流和互动。通过在线教学平台的在线测验、作业提交和评价反馈功能，教师可以及时评价学生的学习情况，并提供针对性的指导和建议，帮助学生提高学习效果。

其四，实践和体验环节的数字化设计。通过虚拟实践平台或在线实验室，实现线下实践活动的数字化转化。学生可以进行模拟实验、数据分析等活动，培养实践能力和解决问题的能力；结合虚拟现实技术，为学生提供时空上的虚拟实践体验。例如利用虚拟实景设备，学生可以“身临其境”地参观历史遗迹、重要场馆，增强思政教育的实际感和体验感。

其五，考核和评价体系的数字化支持。通过在线教学平台的作业提交和在线测验功能，教师可以针对性地对学生进行知识点的巩固和检测，及时了解学生的学习情况；通过线下实地考察、个人面谈等方式，对学生的综合素质和实践能力进行评估。教师可以根据学生的表现和成绩，给予个性化的评价和指导；通过对学生学习数据的分析，了解学生的学习习惯、学习进度和学术表现等，为教师提供针对性的教学指导和学生辅导，实现个性化的教育和评价。

2. 高校思想政治教育数字化发展中的线上资源转化问题

为了增强思想政治课内容的线上黏性，提升受教者对学习内容的兴趣度和参与度，高校思政教育者需要深入思考学习空间的吸引力以及学习内容的流入、流转，甚至流失状况。

其一，在教学内容的亲和力转化方面，线上教育需要对原有教学内容进行适应线上教育的转化。思想政治教育的内容不仅要通过数字化手段进行呈现，还要思考如何使内容更加生动、互动和趣味化，以提高学生的学习兴趣和参与度。可以运用虚拟实境技术、游戏化学习等方式，创造性地呈现思想政治教育内容，使学生能够更加身临其境地参与其中。教育的敏捷性转化也是十分重要的。学校应该致力于搭建良好的学习环境，为学生提供方便的学习工具和平台。在数字化转型过程中，学校需要提供稳定的网络环境、安全的学习平台，并为学生提供技术支持和操作指导。同时，通过优化学习平台的界面设计和功能设置，使其更加易于使用和操作，提升学生的学习体验和满意度。

其二，教学过程的互动性转化是提升线上思想政治教育效果的关键之一。首先，线上教学由于缺乏面对面的互动，学生的参与度往往较低。为了激发学生的学习兴趣和参与度，学校需要设计在线讨论、小组合作项目等互动性强的在线学习活动。其次，可以运用自动评价系统和在线答疑机器人，提供实时的学术辅导和反馈人工智能技术，加强教师与学生之间的互动和交流。最后，教师素养的适应性转化对于成功实施线上思政教育至关重要。线上教学要求教师具备一定的技术和教学能力，能够熟练运用各种数字化教学工具和方法，需要具备创新教学设计、在线教学管理和评估等线上教学的相关技能。因此，学校需要为教师提供相应的培训和支持，提升其数字化教学的能力，使其能够更好地应对线上教学的挑战。

三、硬化数字治理

（一）聚焦数字安全

互联网技术的迭代演变催生了大数据、人工智能、云计算等以数据为内容载体的新应用，然而，随着数字技术和场景的复杂化，如何针对具体安全需求构建更具针对性的防护措施，成为加强安全纵深防御能力、提升防护韧性的重要方面。众所周知，数据驱动高校思想政治教育发展是数字化发展的核心内容，通过消除数据孤岛，打通数据壁垒，需要高校内部各个单位之间密切协同，各个高校之间相互配合，但这一建构大思政的过程同时也隐藏着风险与忧患，存在着数据泄露、网络攻击等隐患，所以，数据安全问题关乎高校师生的权益与隐私，这就需要做好全面的数据安全治理。依此，细化数字治理，强化安全保障，大体可以围绕如下方面进行思考：一是强化顶层设计，建设自上而下的国家级高校思想政治教育“数据银行”。按照统一要求，由教育行政管理部门在严格保护师生个人隐私信息、减少公众安全焦虑的前提下，成立专门机构隶属于国家大数据局，优先收储高校师生个人生物特征、医疗健康数据、校园活动数据等具有唯一性、不可再生性的数据，集中存储、统一管控，并展开集约化建设。二是健全综合监管制度，专门设立和开通高校网络安全和数据保护的窗口以提供相应的指导咨询服务，加强数据共享和跨界流动的检测，尽快落实和明晰高校师生个人信息保护投诉、举报渠道和方式。三是在治理过程中，强化高校网络漏洞的发现能力，提升基础设施安全应对水平，及时进行补丁升级，增强校园网络安全防御能力。

（二）聚力评价体系

数字化时代，加快高校思想政治教育的创新发展，就应该以学校为单位，加速数字化的进程。其中，在构建教育质量评价体系方面应大胆尝试、自主研发。

借助于评价检测系统开发，验证高校思想政治教育数字化发展的实际成效。一般来讲，这种成效的大小更多地体现在开发的系统对青年学生成长所发挥的功能上。综合各地高校取得的初步成绩，这里认为，建设工作可从如下方面加以推动：一是可以自主研发青年学生综合素质评价的数据仓库，汇聚学生在校期间的日常生活数据与学习、活动数据，精准识别，为学生进行全员、全程、全景、全时、全域画像，以确保指标数据采集的鲜活性、准确性、真实性，有效达成综合素质提升目标。二是以评价为引擎，注重价值引导、综合评定，构筑课程学习—实验操作、课堂上—课堂下、院所—职能部门、学校—家庭—用人单位、同学互评—教师评价等综合指数评价体系，培养青年学生的健全人格，加强个性化教育，引导学生自主发展。三是推进评价表达可视化。实施从图表结合到图谱表征，注意评价表达语言以及细分化，量化考核，有效反映学生的活动参与度、体验度与活跃度，真正将数字化与学生的过程性评价以及整体性评价结合起来，用力用情验证和改进数字化评价方式，进一步提升高校思想政治教育数字化的发展水平。

（三）聚能治理标准

用数据说话、用数据决策、用数据管理、用数据创新，是一种新的要求和操作方式。数字治理作为一种新的治理方式，核心特征就是强化全域性的数据沟通、数字的整体协作和跨部门的流程再造。在高校思想政治教育数字化发展过程中，这种数字治理方式要围绕着教育本身的特点来展开，体现共性的同时更应展示出个性。因而，高校思想政治教育数字治理的标准应该依据思想政治教育自身的任务要求而制定。当然，这其中就涵盖了两层意思：是用数字化技术进行高校思想政治教育的治理，还是基于数字化的高校思想政治教育治理。两者含义不同，治理的标准自然会有所差异。如果我们用数字化技术进行高校思想政治教育的治理，那就意味着高校通过利用数字化、智能化技术来进一步优化思想政治教育的治理技术体系，绝大部分工作将通过技术来实现，从而提升高校在思想政治教育领域的治理能力。目前通过应用大数据、5G、云计算、人工智能等前沿技术，我们能够为高校思想政治教育的综合治理提供更好的“数字赋能”，并在一定程度上实现大规模协同，达到思想政治教育的精准滴灌。这种治理只要按照一般治理的标准稍作调整即可，标准的变动性不大。基于数字化的高校思想政治教育治理，其意就是借助数字技术和数字分析，精准研判高校思想政治教育活动，及早进行学情等预警，迅速干预、及时处置等。显然，高校思想政治教育数字化发展中的数字治理涵盖了上述两种情况，既要凸显技术的优势，又要强化思想的引导、价值的引领等，不是单纯技术可以解决的。因而，聚能高校思想政治教育数字治理的标准，需要注意：一是注意数字治理边界的清晰性与动态性。高校思想政治教育数字治理涉及的数据确权问题要清晰，发展变动中的数据要及时更新等。二是注意数字治理主体的差异性。不同学校状况不同，治理主体对数据的处理动机、手段、过程也不尽相同，因而，思想政治教育的数字治理标准会有所区别。这就需要分类指导、区别对待。三是注意思想政治教育数字治理的整体性。从宏观着眼，从微观切入，将整个数字治理活动置于更大的参照坐标中，精心设计指标体系，注重治理效能，把握总体，体现整体，突出数字治理的融合空间拓展，优化治理环节与流程，彰显数字治理的善治特色。

总之，通过关注数字安全，强化评价质量，赋能治理标准，我们要真正形成和构筑以监测和行为评估为基础，以风险评估为手段，实现数据赋能，确保数据可管、可控、可信的高校校园思想政治教育数字化安全治理体系。

参考文献

[1] 程婧. 积极思想政治教育研究 [M]. 天津：南开大学出版社，2020.

[2] 钱云光. 互联网思维与思想政治教育创新研究 [M]. 成都：电子科技大学出版社，2020.

[3] 沈树永. 大学生思想政治教育对策研究 [M]. 上海：上海财经大学出版社，2020.

[4] 陈丽萍. 基于新媒体环境的大学生思想政治教育研究 [M]. 北京：北京工业大学出版社，2020.

[5] 吉爱明. 新时代大学生思想政治教育发展探索 [M]. 北京：北京工业大学出版社，2020.

[6] 颜笑，李冰. 高校学生党建与思想政治教育实践研究 [M]. 北京：北京工业大学出版社，2020.

[7] 严莹. 新媒体时代高校思想政治教育研究 [M]. 上海：上海交通大学出版社，2020.

[8] 陈莉. 新时代高校思想政治教育教学改革与实践研究 [M]. 西安：西北大学出版社，2020.

[9] 冯富帅. 高等院校思想政治教育中弘扬工匠精神 [M]. 北京：北京工业大学出版社，2020.

[10] 李玲. 新时代女大学生思想政治教育研究 [M]. 西安：陕西人民出版社，2020.

[11] 印建清. 大学生思想政治教育实践教程 [M]. 北京：中国言实出版社，2021.

[12] 刘琳琳. 新媒体时代高校思想政治教育研究 [M]. 长春：吉林大学出版社，2021.

[13] 神彦飞. 新媒体时代高校思想政治教育范式转换与实践 [M]. 济南：山东

大学出版社，2021.
[14] 夏莉琼. 以大数据思维推动思想政治教育创新发展［M］. 长春：吉林出版集团股份有限公司，2021.
[15] 李苗，崔巧玲，周振兴. 传统文化与大学生思想政治教育的创新［M］. 长春：吉林出版集团股份有限公司，2021.
[16] 韩艳阳，胡晓菲，肖丽霞. 新时代大学生思想政治教育理论与实践研究［M］. 北京：北京燕山出版社，2021.
[17] 朱金山. 新媒体与大学生思想政治教育研究［M］. 长春：吉林出版集团股份有限公司，2021.
[18] 隆麒. 高校思想政治教育理论及践行问题研究［M］. 北京：北京工业大学出版社，2021.
[19] 黄卫华. 新时代大学生思想政治教育理论探索［M］. 北京：北京工业大学出版社，2021.
[20] 吕志. 大学生思想政治教育导读［M］. 广州：华南理工大学出版社，2022.
[21] 张坤. 高校红色基因传承与思想政治教育［M］. 秦皇岛：燕山大学出版社，2022.
[22] 谷生然，王安平，张晓明. 大学生思想政治教育研究第 5 辑［M］. 武汉：华中科技大学出版社，2022.
[23] 王彦军，段鹏飞. 新时代思想政治教育论［M］. 西安：陕西人民出版社，2022.
[24] 严淑华，郭林锋. 大学生情绪管理与思想政治教育［M］. 北京：冶金工业出版社，2022.
[25] 杨小岑. 高校思想政治教育工作创新实践［M］. 沈阳：辽宁人民出版社，2022.
[26] 徐俊. 高校大学生思想政治教育认同研究［M］. 武汉：华中科技大学出版社，2022.
[27] 吴文妍，鲁玲玉，毕虹. 当代高校思想政治教育理论与实践研究［M］. 延吉：延边大学出版社，2022.
[28] 万娟. 基于创新发展的高校思想政治教育研究［M］. 长春：吉林大学出版

社，2022.

[29] 高华，张艳亮. 高校大学生思想政治教育的多维探索［M］. 长春：吉林大学出版社，2022.

[30] 温瑞，常建莲，郑好莉. 新时期高校思想政治教育研究［M］. 北京：九州出版社，2023.

[31] 寇跃灵. 高校思想政治教育探索与实践研究［M］. 北京：北京工业大学出版社，2023.

[32] 叶楠. 大学生思想政治教育的时代诠释［M］. 北京：九州出版社，2023.

[33] 陈华. 大学生思想政治教育与心理健康教育融合及实践［M］. 成都：四川大学出版社，2023.